Herausgeber: *Dark Angel*

Erschienen im Ubooks-Verlag

Umschlagbild von Frozen Tears

Umschlagdesign von *Dark Angel*

Ubooks Verlag
Dieselstr.1
86420 Diedorf
Info@ubooks.de
www.Ubooks.de

Anders Leben

by DarkAngel

Inhalt: *Seite*

Beiträge von…

Gedichte

Zeichnungen

CRYING RED TEARS

SOME PEOPLE DRINK, SOME PEOPLE HAVE SEX, SOME PEOPLE TAKE DRUGS, WHEN I´M ANGRY, I CUT MYSELF.

Selbstverletzendes Verhalten scheint auf den ersten Blick ein Phänomen unserer Zeit zu sein, besonders, wenn man die stetig wachsende Zahl der Betroffenen verfolgt. Bisweilen ist man gar versucht, es als eine Modeerscheinung abzutun, vor allem dann, wenn kleine Mädchen auf dem Schulhof mit ihren noch nicht verheilten Wunden prahlen.

Aber damit wird jenen Unrecht getan, die tatsächlich Gefangene ihrer Ängste sind, die lautlos nach Hilfe schreien und dem Ruf der Klingen nicht widerstehen können.

Der Moment der Erleichterung und Klarheit, das Gefühl, sich lebendig zu fühlen, wenn das Blut fließt, scheint für einen kurzen Moment die einzige Möglichkeit, sich von dem inneren, unerträglichen Druck zu befreien. Bis zum nächsten Mal…

Es scheint heute einfacher darüber zu reden. Viele Leute haben mit dem Schneiden begonnen, ohne mit Begriffen wie S.V.V. oder Borderline überhaupt etwas anfangen zu können. Inzwischen braucht man nur einen der Begriffe in eine Suchmaschine einzugeben und kommt sofort auf mehrere Seiten, auf denen auch Betroffene aus ihrem Leben berichten oder um Rat fragen. Das ist sicher einer der Vorteile der Anonymität des Netzes und ich denke, allein die Möglichkeit, über seine Probleme mit anderen reden zu können, kann schon eine große Hilfe sein.

Viele schämen sich für ihre Wunden und Narben. Sie schließen sich im Badezimmer ein und hoffen, dass niemand mitbekommt was sie dort tun und irgendwann möchten sie nicht einmal mehr die Wohnung verlassen. Blasse Engel, die auch im heißesten Sommer nur T-Shirts mit langen Ärmeln tragen, so wie es bisweilen Junkies tun, wenn sie nicht gleich als solche erkannt werden möchten. Es ist nach wie vor keine Sache, über die man offen spricht, und es ist sicher auch nicht leicht, sich verletzbar zu machen.

Wir haben alle mit unseren Dämonen zu kämpfen. Und selbst wenn man sich nicht mit Klingen die Haut aufschneidet, sollte man sich immer fragen, ob das eigene Leben nicht auch ganz anders hätte verlaufen können. Oder auch, ob man nicht selbst bestimmte Verhaltensweisen an den Tag legt, die gar nicht so weit weg sind von dem, was man unter S.V.V. versteht.

Ich hoffe, dieses Buch kann dazu beitragen, Vorurteile abzubauen und sich jenseits aller Sensationsgier auf ein Thema einzulassen, das man sonst gerne verdrängt.
Und denjenigen unter euch, die sich eben nicht nur auf der hellen, sonnigen Seite des Lebens bewegen, möchte ich sagen: Ihr seid nicht allein.

Ich wünsche allen, die dieses Buch lesen, dass es ihnen gelingen möge ihren Platz in dieser Welt zu finden.

FELIX FLAUCHER / MEL S.
THE CHURCH OF 18 SUMMERS

Einführung

Wenn man im Leben alles verliert, was man liebt, was man zum Überleben braucht, was einem am Leben erhält, was bleibt einem dann noch? Was kann einen dann noch im Leben halten?

Auf solche Momente kann man sich nicht vorbereiten, es gibt keine Schule dafür, die einem zeigt was man zu tun hat und was nicht. Einzig allein unsere Seele, unser eigenes „Ich" zeigt uns dann den Weg. Ob dieser gut oder schlecht für uns ist, spielt in diesem Moment keine Rolle mehr, denn es ist eine Möglichkeit, das Leid, was uns widerfahren ist, zu verarbeiten.
Jeder Mensch verarbeitet seine Nemesis anders, auf seine eigene persönliche Art und Weise.
Verdrängen, vergessen, verstecken, niederschreiben…

Aber leider gibt es auch Wesen, wie die in diesem Buch beschriebenen, Wesen wie ich selbst.
Menschen, die sich aus seelischem Schmerz heraus körperliche Schmerzen zufügen, um ein wenig Linderung und Balsam zu erfahren. Auch wenn das heißt, dass sie dadurch neue Qualen auf sich nehmen müssen, um sich zu erleichtern.
Niemand hat das Recht über sie zu urteilen, oder Gericht zu halten, einzig und allein sie selbst.

„Man nimmt die unerklärte dunkle Sache wichtiger, als die erklärte helle."

Friedrich Nietzsche

Dieses Buch zu schreiben war sehr schwer für mich, weil ich dabei gegen meine eigenen Dämonen kämpfen musste. Oft siegten sie, oft war ich dabei aufzugeben, zu erliegen. Aber ich hoffe, ich habe letztendlich trotzdem einen Sieg davon getragen. Auch wenn es nur ein kleiner ist. Es ist ein Anfang.
Die folgenden Seiten habe ich geschrieben, um anderen zu helfen, die so sind wie ich. Um ihnen zu zeigen „Ihr seid nicht allein!“, und um gewisse Vorurteile aus der Welt zu schaffen. Ich kann nur hoffen, dass es mir gelungen ist.

Ich möchte mich an dieser Stelle bei allen bedanken, die mir dabei geholfen haben. Vor allem bei denen, die in diesem Werk vertreten sind, den Betroffenen. Zu erleben, dass es so viele von uns gibt, gab und gibt mir Kraft.
Insbesondere bei meiner Liebsten, Anja. Danke, für all Deine Liebe und Hilfe.

Nicht zuletzt und auch bestimmt nicht das Letzte, bei Felix, Ines und Oliver (meine Mentoren) Diamond Of Tears und meinen Einflüssen, u.a. J.O. Barr.
Ich danke Euch!

Gewidmet Jana K. Du fehlst mir! In Liebe,

Dark Angel

Was ist S.V.V.?

Was bedeutet S.V.V.

S.V.V. (Selbst–Verletzendes–Verhalten) bedeutet in erster Linie, sich selbst weh zu tun, sich selbst zu verletzten. Borderline, der Überbegriff für dieses Krankheitsbild, bedeutet, dass es sich dabei um eine Persönlichkeitsstörung komplexen Ausmaßes handelt.
Die Krankheitsbilder sind sehr vielschichtig und nur sehr schwer zuggängig.
Es reicht von der einfachsten Form, wie zum Beispiel, sich mit scharfen Gegenständen (Fingernägel, Rasierklingen, Messer...) oberflächliche Wunden zuzufügen, bis hin zu ernsten Verletzungen, Behinderungen und extremen Persönlichkeitsstörungen.

Bekannte Formen, sind z.B.:

Mit Fingernägeln die Haut aufkratzen...

Sich mit Rasierklingen ritzen oder auch schneiden...

Beißen in Hände, Lippen und Fingerkuppen...
(stärkeres Vorkommen bei Behinderungen, wie Autismus oder ähnliches)

Mit Absicht beigefügte Verbrühungen und Verbrennungen... (Zigaretten, heißes Wasser...)

Mit dem Kopf gegen die Wand oder sich ins Gesicht schlagen, mit der Faust gegen die Wand schlagen...

Übertriebener Sport, bis hin zum Zusammenbruch, und totaler Erschöpfung…

Schlafentzug…

Gestörtes Essverhalten, wie Bulimie (Ess-, Brechsucht), Magersucht, Fresssucht…

Gerade die zuletzt Genannten werden meist unterschätzt und in der Öffentlichkeit mehr oder weniger als Phasen in Kindheit und Jugend abgetan. Eine Gesellschaftskrankheit, die sich die Gesellschaft selbst schuf und Verantwortung dafür zeigen muss. Unsere Gesellschaft orientiert sich immer mehr an Oberflächlichkeiten wie gutes Aussehen und Mode. Nicht verwunderlich, wenn gefühlsbetonte Menschen dabei auf der Strecke bleiben.

Bei allen Formen des selbstverletzenden Verhaltens kann es auf Dauer zu schweren körperlichen und seelischen Schäden kommen, die letztendlich nur sehr schwer therapierbar sind.

Die Betroffenen kann man in zwei Gruppen unterscheiden. Die, die sich in aller Öffentlichkeit verletzen und die, die es mit aller Macht verbergen wollen und auch tun.

Bei denen, die es offensichtlich tun, muss man davon ausgehen, dass sie versuchen, auf sich aufmerksam zu machen. Sei es als Hilfeschrei, zwanghaft oder auch nur um sich zu profilieren. Was leider sehr häufig vorkommt, aber dazu später mehr.

Seltsamerweise unterscheiden die Wissenschaftler auch zwischen männlichen und weiblichen Betroffenen. Weit über 80% aller sollen Mädchen sein. Wobei die Dunkelziffer der Jungen/Männer sicherlich weitaus höher liegt. Vielleicht verbergen es viele besser. Aber meiner Meinung nach, trauen es ihnen die wenigsten zu und bemerken es daher nicht.
Weitestgehend ist auch nur die Rede von Mädchen und Jungen. Als gäbe es dieses Verhalten bei erwachsenen Menschen nicht (mehr). Eher ein Trugschluss und eine Form des Todschweigens, was fatal ist, wie ich glaube.

Die Anzahl derjenigen, die es verbergen wollen, ist wohl am größten. Sie versuchen ihre Probleme selbst zu lösen, verschließen sich vor jeglichem Eingriff von außen und ziehen sich in sich selbst zurück. Jede Entdeckung ist demütigend, peinlich und zieht nur weitere seelische Abstürze und Verletzungen nach sich, wenn nicht mit dem nötigen Feingefühl vorgegangen und eingewirkt wird.

Nach Meinung vieler Psychologen, gibt es bei den Formen des Borderlinesyndroms sowie den Unterarten, u.a. S.V.V., eine Art von Intelligenzminderung. Auf gut deutsch, sie halten einen für geistig ein wenig zurückgeblieben, weil man so versucht mit seinen Problemen fertig zu werden.
Diese Einstellung ist sicherlich fragwürdig und nahezu beleidigend. Die meisten Ärzte beziehen ihre Informationen nur noch aus Fachliteratur und nicht aus eigenen Erfahrungen.
Daher sind sie nicht in der Lage, eine objektivere und persönlichkeitsbezogenere, wenn man so will menschlichere, Diagnose zu stellen.

Jedoch sind alle Formen von S.V.V. als Krankheiten anerkannt, und werden auch so behandelt. Allerdings oft nur mit geringer Ernsthaftigkeit.

Wichtig ist auch, dass S.V.V. nicht gleich dem Borderlinesyndrom ist. Das heißt, nicht jeder, der sich selbst verletzt leidet auch gleichzeitig am Borderlinesyndrom. Und nicht jeder der am Borderlinesyndrom leidet muss sich zwangsläufig selbst verletzen.

Alle Arten hier aufzulisten und zu erklären, wäre zu umfangreich.

Und ich habe nicht vor, eine weitere psychologische Abhandlung zu schreiben.

Ursachen und Hintergründe

Ebenso vielschichtig wie die Krankheitsbilder sind auch die Ursachen und Auslöser.
Die wohl häufigste und bekannteste Ursache ist ein psychologisches Trauma. Ein Erlebnis, das sich so negativ ins Gedächtnis eingebrannt hat, dass es nicht verarbeitet werden konnte und Auswirkungen auf die Psyche hat. Jedoch muss dies nicht immer der Hauptgrund sein. Auch längerfristige negative Erfahrungen sind oft Auslöser für ein solches Verhalten.

Sehr oft gehören auch alle Arten von Misshandlungen in frühestem Alter, wie z.B. dauerhafte Schläge, sexuelle Misshandlungen, Vergewaltigung etc. zu den auslösenden Faktoren.
Ein negativ prägendes Umfeld, sowie der Verlust eines geliebten Menschen können ebenfalls dazu führen.
Schlechte Erfahrungen, vor allem in der Entwicklung eines Menschen, lassen viele von ihnen die Fehler und Schuld bei sich selbst suchen, was bis zu Aggressionen gegen ihr eigenes Ich führen kann (sogenannte Autoaggression).
Körperliche und seelische Verletzungen durch andere sitzen oft sehr tief. Es gibt Menschen, die sich dann selbst Schmerz zufügen, mit dem Hintergrund, dass nur sie selbst so nah an sich heran dürfen, nur sie selbst sich so weh tun können, wie kein anderer es kann.

Ein weiterer Hauptpunkt ist die seelische Entwicklung des Betroffenen vor dem Schlüsselerlebnis, oder den Erlebnissen. Wenn die Psyche noch nicht gereift und gefestigt genug ist, begünstigt es den Weg zum selbstverletzenden Verhalten. Angstzustände (Zukunftsängste, Verlassensängste...), Minderwertigkeitskomplexe, Unsicherheit und daraus hervorgehender Selbsthass und Depressionen sind weitere Auslöser. Viele von ihnen besitzen kein Selbstvertrauen, fühlen sich verlassen, allein und sind nur selten in der Lage sich jemanden anzuvertrauen. Oftmals sind sie auch freitodgefährdet.

Wenn sich jemand selbst verletzt, ist er nicht in der Lage, mit seinen Gefühlen umzugehen oder sie auszudrücken. Es kommt zu einer Art Emotionsstau, welcher sich in Form von Gewalttätigkeit gegen einen Selbst entlädt. Einfach nur, um sich Erleichterung zu verschaffen. Man glaubt nur so, wieder seinen Körper und sein eigenes Ich zu spüren, seinen Schmerz und seine Probleme dadurch zu lösen.

Was allerdings eine Rechnung ist, die nie aufgehen wird, da es nur noch mehr seelischen Schmerz schafft und in eine Form von Abhängigkeit führt. Ein Kreislauf, der nur schwer zu brechen ist. Eine Verletzung ergibt die andere und man hasst sich dafür, es wieder getan zu haben. Man findet keinen Ausweg mehr, was letztendlich zur absoluten Vereinsamung führen kann.

Äußerlich kann man einen betroffenen Menschen nicht definieren, da viele in der Öffentlichkeit ein normales Leben führen und sich vom Rest der Masse nicht abheben, eher unscheinbar sind.

Innerlich sieht es jedoch oft anders aus. Eine vollkommen zerrissene Seele/Persönlichkeit ist das Ergebnis von meist jahrelangen Qualen, die hingenommen wurden, um die eigene, schützende Fassade für die Öffentlichkeit und sich selbst aufrecht zu erhalten. Man verdrängt das „Ich“, erschafft sich seine eigene persönliche Welt, in der niemand an einen herankommt. „Niemand darf mir wehtun, nur ich selbst.“

Einen Ausweg gibt es nur schwer, erst wenn man erkennt, dass es so nicht weiter geht, dass man ein Problem hat, ist Hilfe möglich.

„Erkenntnis ist der Weg zur Weisheit.“

Frozen Tears

Selbsthilfe und Alternativen/Fachhilfe

Um etwas vorweg zu nehmen. Die Ratschläge zur Selbsthilfe sind keine Dauerlösung und können die Hilfe, die eine Therapie bietet, nicht ersetzen.
Auch wenn ich anderer Meinung bin, sollte man dies auf jeden Fall berücksichtigen.

Mittlerweile gibt es viele Internetseiten, in denen Alternativen angeboten werden, die man gut und gerne als lächerlich, beziehungsweiße sinnlos bezeichnen könnte. Die dortigen Ratschläge sind für Betroffene eher nutzlos als wirksam und hilfreich.
Vorschläge und Alternativen sind hier, sich rote Striche auf die Haut zu malen, um die Verletzung zu simulieren. Oder sich Eiswürfel auf die Haut zu drücken und so das Schmerzgefühl nachzustellen. Des Weiteren wird Magersucht- und Bulimiebetroffenen empfohlen sich vor die Toilette zu hocken und nur so zu tun, als ob sie sich übergeben würden.

Sind wir doch mal ehrlich. Welcher Betroffene würde etwas Derartiges tun? Wenn man sich verletzten will, dann tut man es, auch ohne in diesem Moment an eine doch so recht alberne Methode zu denken.

Eine akzeptablere Lösung ist eher eine Art von passiver Selbstkontrolle.
Sich beim Verletzen zu kontrollieren. Dass die Verletzungen nicht die Überhand gewinnen bzw. nicht zu gefährlich werden. Eine andere Möglichkeit ist der Versuch, die Zeiträume zwischen den Beschädigungen zu

vergrößern, um eine gewisse Form von Kontrolle zu erlangen.
Weitere individuellere Vorschläge, die davon ablenken, sind z.B. Musik, Sport, Meditation, Schlaf...
Aber die wohl beste Form von Selbsthilfe und Eigentherapie ist die Wärme, Liebe und Geborgenheit, die einem ein verständnisvoller Partner bieten kann. Jemand der darauf achtet, dass es nicht soweit kommt, versucht mit einem darüber zu reden. Auch ein guter Freund, eine Person, der man bedingungslos vertraut und die einem nahe steht, kann diese Funktion übernehmen.

Aber an mancher Stelle ist leider eine fachgerechte Therapie nicht zu umgehen. Wichtig ist sich im Vorhinein über den Arzt oder Ärztin zu informieren, und sich genau über die Therapiemaßnahmen zu erkundigen.

Welche Therapie kommt für mich in Frage?
(Gesprächstherapie, Klinik, offene oder geschlossene Therapie...)

Ist der Arzt/die Ärztin gut?

Was habe ich für ein Gefühl bei dem Arzt/der Ärztin?

Wie tritt er/sie mir gegenüber?

Nimmt er/sie mich ernst genug?

Solche Fragen sollte man sich selbst stellen, um für sich nicht nur einen Erfolg zu sichern, sondern auch selbst daran glauben zu können und dahinter zu stehen, dass man Hilfe braucht und geheilt werden möchte.

Wovon man nicht immer ausgehen sollte, dass alles richtig ist, was man von einem Arzt gesagt bekommt, man sollte immer eine zweite Meinung einholen (z.B. bei einer drohenden Einweisung zu einem Klinikaufenthalt). Man sollte in bestimmten Situationen auch die Worte eines Arztes hinterfragen. Es gibt immer Alternativen (z.B. eine ambulante Behandlung), die besser sind als eine sofortige Einweisung in die offene oder geschlossene Therapie. Eine stationäre Behandlung wäre in meinen Augen das letzte was man in Betracht ziehen sollte. Man würde sich in eine „Gefangenschaft“ begeben, aus der man doch eigentlich entkommen will. Und viel zu oft werden Menschen hier nahezu „umtherapiert“ bis nichts von deren grundlegenden, eigenen Persönlichkeiten mehr existiert.

Wundheilung

Auch wenn viele von denen, die sich selbst verletzen kaum und sicher nur sehr selten diesem Thema Beachtung schenken, sollten sie ab und an vielleicht doch bedenken, dass die Wunden im Hier und Jetzt zu hässlichen Narben für die Ewigkeit werden können.

Es gibt Mittel und Wege dies zu verhindern und einzudämmen. Kurz nach der Verletzung, die man sich selbst zugefügt hat, kommt kaum einer auf die Idee zum Arzt zu gehen und sich helfen zu lassen, was oft bei großen, aufklaffenden Wunden nötig wäre. Wenn Bekannte, Familienangehörige oder andere solche Wunden rechtzeitig mitbekommen, sollten sie den Betroffenen jedoch dazu raten. Aber auch wenn man selbst aus dieser Art von Wunden keine großen Narben entstehen lassen möchte, gibt es eine Art „Klammerpflaster", die das verhindert. Einfach in der Apotheke danach fragen.

Um Wundheilung zu fördern, wirken die üblichen Hausmittel wie Kamillenbäder oft schon wahre Wunder. Man sollte versuchen die Wunden möglichst sauber zu halten, um eine Blutvergiftung zu verhindern.
Für alle frischen Wunden, aber auch gerade für entstandene Narben gibt es unzählige Mittel in der Apotheke. Wenn man wirklich etwas dagegen tun möchte, sollte man sich nicht davor scheuen, sich beim Arzt ein Rezept zu holen. Oder auch ganz einfach in der Apotheke nachzufragen. Es ist deren Job und dafür sind sie da, und das oft auch ohne unangenehme Fragen zu stellen.

Im Grunde genommen, ist es einfach nur wichtig, in diesen Situationen auf sich zu achten und die Verletzung, die Wunde nicht noch zu verschlimmern.

*„Öffne Dein Herz, bevor Du Dich
im Schmerz verlierst."*

Erfahrungsberichte

und

Gedanken

SarahLila

...in meiner Welt gibt es kein Krieg und keinen Hass. Doch manchmal falle ich auch in die Realität zurück, und das ist sehr schmerzhaft. Um das alles zu ertragen und mich dann noch zu spüren, um alles andere zu vergessen, deswegen verletze ich mich selbst.
Ich bin ein liebevoller Mensch, vielleicht zu liebevoll für diese Welt. Es gibt in mir zwei Seiten. Gut und Böse. Hass und Liebe. Die Ablehnung gegen mich von den anderen und der unerfüllte Schrei nach Liebe haben mich dazu gebracht, mich selbst zu verletzen.
Ich liebe Frauen und das ist nicht leicht für mich. Ich brauche ständig jemanden der mich in den Arm nimmt, küsst, streichelt und das (hier) von einer Frau. Unmöglich! Ein Mädchen mit dem ich mal zusammen war, hatte mich nur verarscht…
Ich schneide mich jetzt nicht mehr in den Körper, sondern tue mir auf andere Weise weh. Ich schlage meine Hände irgendwo gegen, kneife und kratze mich übelst. In diesen Momenten geht nichts in mir vor. Nur Hass, unendlicher Hass. Gegen die Männer, die Realität, gegen mich. Ich fühle mich dann wie in einer dreckigen Ruine. Allein, kalt.
Wenn ich irgendwann einmal von zu Hause ausziehe, dann werde ich mit dem Schneiden wieder anfangen. Denn ich liebe es, wenn das Blut fließt. Ich liebe es genauso, wie die Zärtlichkeit. Beides ist wichtig für mich.
Ich will nicht in der Realität leben. Nie. Ich will für mich leben. Mit all dem Schmerz und der Zärtlichkeit. Ich kann ohne die beiden nicht existieren, weder ohne das eine, noch das andere.
„Das sind meine zwei Seiten!“

„Mit Schmerz bekämpft man Schmerz.“

DarkAngel

Vergangenheit	Gegenwart	Zukunft
Erinnerungen	Liebe	Schmerz

Alles wiederholt sich! Immer und immer wieder!

„Vergangenheit"

...Hört auf! Bitte! Lasst mich doch einfach in Ruhe!
Warum tut ihr das? Was habe ich euch denn getan? Was? Womit habe ich euren Hass und Zorn verdient? Warum quält ihr mich so?
Nur weil ich anders bin als ihr es seid? Nur weil ich ruhiger und nachdenklicher bin?
Ich bin kein Träumer, bin nicht blöd. Hört doch auf. BITTE! Keine Schläge, keine verletzenden Worte mehr. Ich will dass alles hier nicht mehr, ich kann nicht mehr!
Gott, wo bist Du? Ich bitte Dich, beende es, hilf mir.
Oder lass mich wenigstens sterben.
Wo bist Du, wenn man Dich braucht? Wo ?
Ich weiß nicht wer das mal gesagt hat, aber ich habe mal gehört, wenn man Dich schlägt, dann halte auch die andere Wange hin. Ich habe es getan und tue es noch immer. Aber sie hören nicht auf, sondern lachen nur über mich. Ich habe versucht mich zu wehren, es wurde nur schlimmer. Wo bist Du?
..."Mom, ich will nicht mehr in die Schule, sie tun mir weh! Lass mich einfach zu Hause bleiben, ja?" (Wie oft habe ich die Antwort darauf schon gehört, und etwas gebracht hat es mir nie.) „Du gehst! ... Wir mussten auch in die Schule und niemand hat gesagt, dass es leicht ist. Kopf hoch...Du schaffst das schon, Du bist doch ein

Warum findet man gerade in der Gothic-Szene so viele Betroffene?

Die" Gothic-Szene" bietet verschiedenen Wesen mit unterschiedlichem Glauben und Einstellung Platz. Sie ist ein Schutzschild, ein Name, eine Bewegung, ein Haufen Hunde, die Familie, sie ist was immer Du willst was sie ist. Daher finden sich gerade hier so viele von uns, weil die Philosophie ansprechender ist als irgendwo anders. Auf gut deutsch, wir sind eine Familie und so fühle ich mich auch, wenn ich unter meines gleichen bin. Meine Familie! Mein Zuhause!

„Der Drang ist immer da."

-Yanna di Sanguis-

Warum tust Du es?

Für mich ist Selbstverletzung nicht sehr viel mehr als einfache Schmerzverlagerung. Ich verstecke und verheimliche es vor allen anderen, denn im Grunde schäme ich mich. Aus meiner Sicht ist mein autoaggressives Verhalten kein Hilfeschrei, den andere bemerken sollen. Es ist ein simples funktionierendes Ventil, wenn man selbst immer und überall funktionieren muss.

Wie tust Du es?

Entweder mit einem Skalpell oder einer Rasierklinge. Aus Angst entdeckt zu werden verletze ich mich niemals großflächig. Es sind immer nur drei Buchstaben, FTW (Fuck The World), aber diese immer und immer wieder.

Wie fühlst Du Dich dabei und wie danach?

Während ich mich selbst verletze fühle ich neben dem körperlichen Schmerz einen Art Befriedigung. Meist achte ich mit nahezu ekelhaft, sadistischer Präzision darauf, dass die Schnitte sauber und tief genug sind.
Danach ist nichts mehr übrig was es noch zu fühlen gäbe, danach bin ich leer.

Was glaubst Du ist/war der Auslöser dafür?

Es gibt sehr wahrscheinlich sehr viel mehr als nur einen Auslöser für dieses Verhalten. Ich könnte jetzt Miss-

brauch, den Verlust sehr geliebter Menschen, Angst vor Einsamkeit oder Hass als Auslöser nennen, aber bei mir wechseln die Gründe aus denen ich mich selbst verletze ständig. Vielleicht ist es auch einen Kombination verschiedenster Faktoren... Im Moment hasse ich mein Leben. Ich führe ein richtiges „Bilderbuchleben" Ein guter Job, eine tolle Beziehung, Auto, Wohnung, süße Haustiere, ich seh' ganz nett aus und bin gesund. Nichts desto trotz fühle ich mich die meiste Zeit beschissen. Viel zu oft fühle ich mich wie ein Zuschauer meiner selbst, im Kopf so deplaziert, aber die Hülle funktioniert...

<u>Was bzw. wen liebst oder hasst Du?</u>

Ich liebe eine Hand voll besonderer Menschen (meine Eltern, meinen Freund, und Anja, meinen Stern), zwei ganz besondere Katzen (Lilith und Red), die Musik und das Tanzen (beides ist Futter für die Seele!). Konkret hasse ich nur einen Menschen, aber ich verabscheue einen sehr großen Teil der Gesellschaft und ihre Struktur zutiefst. Manchmal hasse ich sogar mich selbst.

<u>Was ist Dir wichtig?</u>

Wirklich wichtig sind nur die Ding die ich liebe. Nur sie sind es wert beschützt und gepflegt zu werden. Notwendig sind zu einem gewissen Maß leider auch Geld, Rationalität und ein Dach über dem Kopf.

<u>Wie stellst Du Dir Deine Zukunft vor?</u>

Ich habe nur wenige konkrete Pläne für die Zukunft. Ich habe ein Ziel, glücklich zu sein und Frieden zu finden.

Ob es sich erfüllt und welcher Weg mich hinführt, wird sich zeigen.

Warum findet man gerade in der Gothic-Szene so viele Betroffene?

Ich kann nicht für andere sprechen, aber für mich war die Szene wie ein Ort, der Zuflucht, das Rudel, welches die ersehnte Wärme spendet. Es war wie in „Midian" in Clive Barker's Roman „Cabal", die Zuflucht der Nachtbrut.

„Du selbst bist Dein härtester Gegner."

Anja

<u>Warum tust Du es?</u>

Irgendwann ist ein Punkt erreicht an dem mir alles zu viel wird. An dem ich das Gefühl habe innerlich zu ersticken. Weder weiß ich dann nach vorn, noch zurück. Doch dieses Gefühl in mir muss raus. Irgendwie.
Ich versuche im Leben immer alles einigermaßen unter Kontrolle zu haben. Doch es gibt Situationen von außen, gegen die ich wehrlos bin und die mich urplötzlich aus der Bahn werfen. Ich versuche mich zu beruhigen, doch nichts geht, bevor ich mir nicht wehgetan habe.

<u>Wie tust Du es?</u>

Es ist immer wieder ein und dieselbe Art. Die berühmte Rasierklinge wird zum ständigen Begleiter. Ganz versteckt habe ich immer eine dabei. Und dann, nur wenn ich weiß ich bin allein. Ich möchte es nie jemandem antun dazu zu kommen und sich dies ansehen zu müssen. Der Griff zur Klinge ist schnell getan. Fast geistesabwesend streicht sie über meine Haut. Ein mal, öfters, ganz egal. Die Klinge verschwindet, die Wunden bleiben. Und meistens muss mein linker Arm dafür herhalten. Warum auch immer.

<u>Wie fühlst Du Dich dabei und wie danach?</u>

Es ist dieser eine Moment, in dem ich spüre, es geht nicht anders. Und dann geht alles meist ganz schnell. Ohne Gefühl läuft alles wie in einem Film ab. Der Griff zur

Klinge, das Verletzen, die Klinge wegräumen. Körperlich ist da kein Schmerz. Und dann sitzt Du da, schaust an Dir hinunter und die Tränen schießen Dir in die Augen. Wieder diese hässlichen Wunden, die Dich ewig an etwas erinnern was dir wehtat. Ja, das tut wirklich weh. Nicht der Körper, die Seele schreit!
Und doch fühle ich mich so frei wie nie zuvor. Bis zum nächsten Mal...

Was glaubst Du ist/war der Auslöser dafür?

Probleme, seelischer Schmerz, eigene Unzufriedenheit, ein prägendes Umfeld, Streit, Einsamkeit, Vergangenheit... Für mich gibt es viele Auslöser. Und es ist die Suche nach dem sogenannten 'Ventil', für all diese Dinge, die mich dazu führt.

Was bzw. wen liebst oder hasst Du?

Ich liebe die Wärme, die Geborgenheit, das Licht, die Dunkelheit. Ich liebe einen Engel, den ich in meinem Leben nie mehr missen möchte. Er gibt mir die Kraft das alles durchzustehen. Er ist allein der Grund weshalb ich noch nicht 'den' letzten Schnitt getan habe. Und doch gehört mein Leben mit ihm nicht nur der Liebe, es gehört auch dem Schmerz. Ich hasse die Einsamkeit!!! Und Menschen die vorgeben etwas zu sein, etwas zu verstehen, was ihrem Leben völlig fremd ist Sollen sie ihre Wege gehen, doch mich auch meinen gehen lassen.

Was ist Dir wichtig?
An dem festzuhalten wofür ich lebe. Mir meine Dunkelheit nicht nehmen zu lassen. Meine Freiheit!

Meine Freunde! Meine wenigen doch wahren Freunde. Die zuhören, verstehen, akzeptieren, einfach nur da sind. Wofür ich ihnen sehr dankbar bin!

Wie stellst Du Dir Deine Zukunft vor?

Es gibt eine Zukunft wie ich sie mir wünsche. Einfach nur glücklich sein. Das Leben für die Ewigkeit an der Seite meines Engels. Dinge tun, die mich erfüllen, hinter denen ich voll und ganz stehe. Das Leben genießen, die Welt kennen lernen... Und es gibt die Zukunft voller erdrückender Realität. Ich werde untergehen in einer oberflächlichen Gesellschaft. Werde meine einzig wahre Liebe verlieren und das Leben dafür verfluchen. Bis ich die Kraft finde endlich zu gehen.

Warum findet man gerade in der Gothic-Szene so viele Betroffene?

Weit ab von jeglichen Szeneklischees und schwarzen Normen derer, die glauben dunkler als dunkel zu sein, finden Menschen wie ich hier ein zu Hause. In einer Szene voll von Oberflächlichkeit könnte man so nicht leben. Diese Menschen sind nie derart tiefgründig, um überhaupt auf solch eine Idee zu kommen. Irgendwann führt einen der Weg in die Dunkelheit. Man sieht man ist nicht allein mit seinen Gedanken und der Sicht der Dinge. Man darf so sein wie man wirklich ist, wird verstanden, oder zumindest einfach akzeptiert. Dieses Gefühl von Wärme und Geborgenheit ist alles was man sucht. Man kann es hier finden...

„Erinnerungen bleiben, wenn der Schmerz die Hoffnung bricht, Erinnerungen, an eine Zeit die es nicht mehr gibt.“

Annabel Lee

Warum tust Du es?

Manchmal, um dem Gefühl der völligen Taubheit meines Körpers und dem Gefühl der inneren Leere entgegen zu wirken. Meistens jedoch um diesem großen Druck, dieser unfassbaren Wut und dem Hass auf alles in der Welt, insbesondere dem Hass auf mich, ein Ventil zu geben.

Wie tust Du es?

Das Benutzen meiner Rasierklinge passt sich dem jeweiligen Moment an. Entweder fahre ich schnell und unkontrolliert über meine Haut, so dass viele kleine Schnitte entstehen. Oder ich drücke die Klinge fest auf meine Haut und ziehe sie langsam durch.

Wie fühlst Du Dich dabei und wie danach?

Während des Verletzens fühle ich meist nichts, nicht einmal den ersehnten Schmerz. Danach bin ich glücklich, erleichtert und zufrieden. Später aber nur noch angewidert von meinem Verhalten.

Was glaubst Du ist/war der Auslöser dafür?

Auslöser gab und gibt es viele. Die Schatten der Vergangenheit, die Dämonen der Gegenwart und die Angst vor der Zukunft. Manchmal genügen ein paar verletzende Wort, abwertende Blicke, oder schmerzhafte Erinnerun-

gen an Vergangenes, die das berühmte Fass zum Überlaufen bringen.

Was bzw. wen liebst oder hasst Du?

Ich liebe den Regen, die Nacht und stürmisches Wetter.
Ich liebe es ein gutes Buch zu lesen und währenddessen in eine andere Welt einzutauchen.
Und ich liebe die Menschen, die mich verstehen und akzeptieren wollen, so wie ich bin. Und die um mich kämpfen, wenn ich mal wieder aufgeben will.
Bis vor kurzem kannte ich nur den Hass, den ich für mich empfinde. Aber ich hasse auch die Menschen, die mich mit Absicht verletzen und verletzt haben. Und ich hasse Leute, die meinen über mich urteilen zu können, obwohl sie mich nicht kennen.

Was ist Dir wichtig?

Meine Freunde.

Wie stellst Du Dir Deine Zukunft vor?

Ich möchte endlich lernen mit mir und meinen Gefühlen klarzukommen. Mehr vertrauen in mich zu setzen. Und ich möchte jemanden finden, der mein schwarzes Lebensgefühl mit mir teilt, mich so akzeptiert und liebt wie ich bin.

„Noch heute ist mein Arm das Schlachtfeld für diesen Kampf, der in meiner Seele tobt.“

Gedichte

und

Zeichnungen

Michelle Reichert

Liebes Kind

das Du das Messer tief in Deiner Hand führst,
auch wenn es nun nicht schmerzt
es scheint eine Wohltat zu sein.
So ist in Wirklichkeit
Dein Leid nur noch größer,
ich halte Dir wie eh und je meine Hand entgegen,
auf Knien ich fleh,
mit Tränen in den Augen,
so nimm sie doch!
Doch seh' ich das Kind
wie es das Messer noch tiefer treibt.

Lady Death

Kleiner Selbstmord

Nach großer Überwindung
Entspringt der rote Lebenssaft
aus meinen Adern,
benetzt meine Haut und rinnt hinab.
Unerträgliche Schmerzen demütigen
meine Seele.
Das Blut muss hinaus, mit ihm die Schmerzen.
Doch ob es gelingt?
Mich überfällt ein Ekel beim Anblick
meines Blutes und der Wunde,
die ich mir zugefügt habe.
Doch nach der Ohnmacht bin ich frei.

Mell

Furcht… Angst… Zweifel…
All' dies lässt meinen Weg
noch länger erscheinen,
noch stärker als Hass ist Schmerz,
die Welt hat mich nur benutzt.
Meine schmutzigen Hände umklammern mit letzter Kraft
den blutverschmierten Strich der mein Leben beendet.

Laura

Zerbrochene Seele
Zersplitterte Gefühle
Jeder Schnitt brennt wie Feuer
Roter Regen fließt
Die Schnitte immer tiefer
Hoffnung vorüber
Suche nach Freiheit
Hass erfüllt mein Leben
Verlangen nach dem Tod
Klingen glänzen wie Freiheit
Befreien meine Seele
Schwarz vor Augen
Zwang nach Schmerz verlässt mich
Ein Lichtschimmer
Meine Freiheit
Der Tod

Laura

Nancy Klier

Wahrhaftiger Traum

Gefühle so tief und wahr, steigen aus meiner Seele auf.
Ich falle in einen tiefen Traum,
ich sehe, wie mich Deine Hände, so zart berühren.
Ich spüre Dich wahrhaftig.

Ich kann spüren wie Du mich berührst, und Dir sagen,
was ich Denke und fühle.
All die Gefühle in Worte fassen, die in mir sind und Beachtung verlangen,
alle Regungen und Gedanken sprudeln nun in Worten aus mir heraus.

Überwältigt und im Innersten glücklich, sehe ich Dich, doch Dein Gesicht verformt sich zu einer grässlichen Maske und grinst mich an.

Sie gibt mir zu verstehen, dass es nie wirklich sein wird und verschlingt all die schönen, wohlgeformten Worte in sich hinein.

Schweißgebadet und mit bebendem Atem
wache ich auf und weiß,
dass dies kein Traum bleiben wird.

Amazia

Schreie, die niemand erhört,
Stimmen, die niemand wahrnimmt,
Gefühle der Einsamkeit Einzug haltend,
allein und verlassen,

Der Kampf scheint aussichtslos, verloren,
einsam gehend den Weg, der führt nach nirgendwo,
ziellos strebend, auf der Suche nach der Liebe
und der Wärme,

doch zuende geht die Kraft, verloren das Streben,
der Weg noch lange ohne Ziel,
ohne Hoffnung auf Licht,
verirrt in den Weiten meiner Seele.

Dark Death Angel & Jessi

Hard Desperate Depression

Ein schwarzer Hauch durch meine Seele streift,
von Einsamkeit geleitet.
Ein dunkler Pfahl in meinem Herzen steckt
und mich durch die Unendlichkeit begleitet.

Meister der Trauer.
Meister der Tränen.
Herr der Schmerzen.

Sieh in hasserfüllte Augen,
fühl' die Stärke meines Herzens.
Erblicke den geschundenen Leib
und fühl' die Härte meiner Schmerzen.

Meister der Verzweiflung.
Meister der Sehnsucht.
Herr der Schmerzen.

Die Augenblicke,
in denen ich zu hoffen glaubte,
gab es nicht.
Wurden von der Besetzungsliste gestrichen,
wie in einem schlechten Theaterstück.

Meister der Ignoranz.
Meister des Vergessens.
Herr der Schmerzen.

Im gleißenden Mondlicht spiegeln sich neue Klingen,
die erwartungsvoll um Podiumsplätze ringen.

Meister der Verachtung.
Meister der Rache.
Herr der Schmerzen.

Alles bleibt anders, wenn niemand die Notwendigkeit erkennt, dass die Glut des Selbstmitleids bis in alle Ewigkeiten glimmt.

Meister der Erlösung.
Meister der Vollkommenheit.
Herr der Schmerzen.

Die Suche nach dem Ursprung allen Übels,
bedingt die Quelle jedes blutigen Rinnsals zu sein.

Und so werd' ich mir erneut bewusst,
mein Herr der Schmerzen bin ich ganz allein.

DarkAngel & Anja

Cruely Secrets / Heimlichkeiten

Heimlichkeiten, jeden Tag.
Heimlichkeiten, jede Nacht.
Heimlichkeiten, wenn ich erwach.
Heimlichkeiten, so wie ich es mag.

Heimlichkeiten, jede Stunde.
Heimlich, auch jede Sekunde.

Heimlichkeiten, hinter verschlossener Tür.
Heimlich, wispern leise Stimmen zu mir.
Heimlich, singen von süßen, scharfen Dingen.
Heimlich, die in meine Haut eindringen.
Heimlich, klein und fein.
Heimlich, wollen immer bei mir sein.

Heimlichkeiten, tun mir nicht weh.
Heimlichkeiten, auch wenn ich jetzt geh´.
Heimlichkeiten, bringen mir das Licht.
Heimlichkeiten, vernichten mich!

DarkAngel

Christopher Müller

du hast den Wunsch danach
dir die Seele aus dem Leib zu kotzen

doch was würde es nützen

du kannst dein innerstes
nicht mehr nach außen kehren
weil du es längst schon getan

mit Entsetzen hast du dich selbst betrachtet
meintest es sei nun mal die Wahrheit

tausende Augen starren dich an
jeder hasst dich abgrundtief
doch alle reißen sich um deine Seele

du verlierst die Macht über dich
kennst die schreckliche Tat
welche folgen wird
nur allzu gut

berechnend greifst du zur Klinge
um dir selbst zu zeigen
dass du der einzige bist
der dir wehtun darf

tiefer und tiefer suchen sie ihren Weg
und du fängst an es zu genießen

du liebst die Augenblicke
in denen du frei bist
und tust was du willst

du ergötzt dich daran
wie Schnitt um Schnitt
auf deiner Haut ein Zeichen setzt

wie du für einen kurzen Moment
dieses unschuldige weiße Fleisch
betrachten kannst

welches zeitgleich anfängt zu weinen
es weint dein Blut

genussvoll nimmst du es wieder in dich auf
noch ist es warm und schmeckt nach dir

könnten die Sekunden doch nur erstarren
in denen es dir gegönnt endlich zu vergessen

du bist dir gewiss
irgendwann kann es geschehen
dass du es zu weit treibst

doch stört dich das nicht im geringsten

denn dann bist du da
wozu dir heute nur die Kraft fehlt

Anja

Schillernde Schatten auf meiner Seele.
Ein Anblick, der nicht zu beschreiben ist.
Schaut man genauer hin, sind es Scherben.
Scherben aus eisigem Glas…
Versucht man sie zu entfernen,
sind sie unantastbar…
Nur ein Windhauch zu verspür'n…
Ein unbeschreiblicher Duft,
lieblich, süß und doch so bitter.
Ringsherum ein Eisengitter,
unantastbar.
Und schaut man genauere hin,
eine Seele auf Reisen.
Zwei Koffer nur mit Scherben drin.
Aus der Ferne ein einsamer Windhauch.
Und keine Ahnung wohin,
ohne Ziel…

Nicole

Nancy Klier

Gläserne Erinnerung

Ein Wesen aus Glas,
im Käfig nach Maß.

Im Raum ohne Türen,
muss Schläge es spüren.

Im Käfig gefangen,
ums Leben muss bangen.

Im Raum ohne Licht,
letzte Hoffnung bricht.

Den Dolch tief gestochen,
das Glas zerbrochen.

In Schmerzen versunken,
in Scherben ertrunken.

Diamond Of Tears

Diamond Of Tears

Innocence of tears

Eine Träne.
Sanft schmeichelt sie der Haut,
geschmeidig, glitzernd, wie der Tropfen
des Morgentaues auf einem Blatt.

Unschuldig scheint sie zu sein.
Doch etwas in ihr frisst wie Säure.
Das Salz setzt sich in jede Kerbe der Haut,
wie in die Rillen des Blattes.
Aber es ist nicht das Salz was frisst,
es ist der Schmerz dem sie zum Opfer fällt.

Langsam, wie in Zeitlupe fließt sie über weiße Haut.

Der Tropfen,
die Träne vermischt sich mit dem Blut auf das sie trifft,
verlässt ihren Körper und fällt zu Boden.

Ein Körper, liegt kalt, schwach und leblos da.
Dem Tode nah, nackt und frei von jeder Schuld,
Angst, Schmerz und Einsamkeit.

Der Tod erspart uns jedes Leid.

DarkAngel

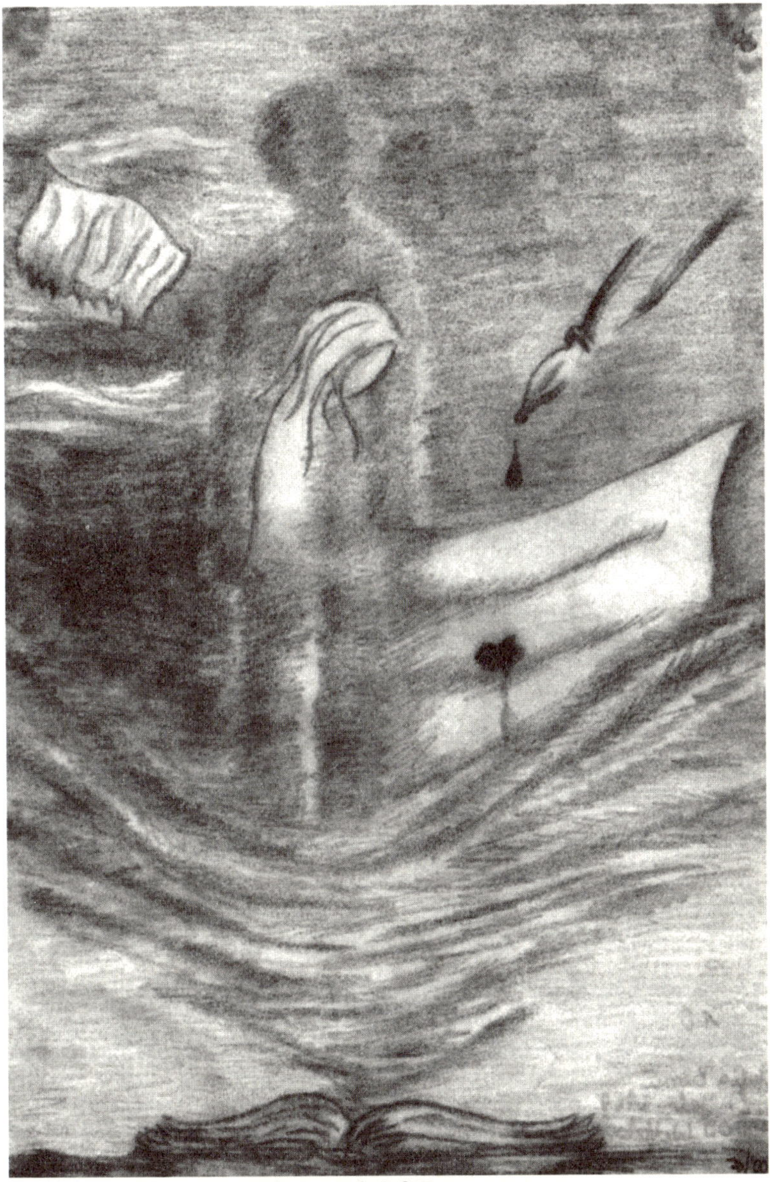

Diamond Of Tears

Gebrochene Hoffnung

Ein Kind, geboren in eine Welt aus Eis.
Ängstlich und einsam geht es seinen Weg,
ohne die helfende Hand, den Lebenssteg.
Das Leben sein Kampf, Rüstung aus Stahl,
keine Wahl ist ihm geblieben,
muss der Zukunft erliegen.
Das Leben ist die Kraft,
das Schicksal, die Schlacht.

Ohne Zukunft, ohne Ziel,
Vergangenheit zu viel,
Angst und Trauer, Kälte und Eis,
das kleine Herz in tausend Stücke reißt.
Hörst du es nicht rufen?
Hörst Du es nicht schreien?
...dann wird es wohl zu spät sein.

Rötliches Licht durchbringt die Nacht,
der Morgen erwacht.
Dem kleinen Kind wird Angst und Bang,
ihm fehlt die Kraft,
die Sonne anzusehen und in den neuen Tag zu gehen.
Denn das Wiegenlied,
es singt die Nacht,
die Nacht dem Kind den Frieden gebracht.
Nun legt man Blumen auf sein Grab,
an der Stelle wo es starb.

Ohne Zukunft, ohne Ziel,
Vergangenheit zu viel,
Angst und Trauer,

Kälte und Eis,
das kleine Herz in tausend stücke rissen,
doch keiner von euch wollte es wissen.
Hörtet es nicht rufen.
Hörtet es nicht schreien.
Soll das nun Leben sein?

Diamond Of Tears

Körperlicher Schmerz bedeutet gar nichts.
Er kommt, er vergeht,
vielleicht bringt Dich
die Ursache des Schmerzes um,
vielleicht auch nicht.
Was viel schlimmer ist,
ist der Dolchstoß in Deine Seele,
der Hieb in Dein Herz.
Unsichtbar, unscheinbar, vor der Welt verborgen.
Aber in den dunklen Winkeln der Seele
wächst daraus etwas nicht minder qualvolles,
auch wenn kein Blut fließt, möchtest Du schreien.
Und die Welt sieht Dir zu, versteht nicht
und hüllt sich in Schweigen.

Markus

Gefangen im Selbst

Schreie geschickt
doch nie gehört

Liebe gesucht
Hass gefunden

Hilfe benötigt
Ablehnung erfahren

geflohen in einen andere Welt
Glück erlebt
zum ersten Mal
Gefühle gespürt
die unwirklich sind

Träume geträumt
von hohem Wert
keinem erzählt

Phantasie verkümmert
bei diesem Wesen

gefangen in Deiner Welt
hüte Dein Geheimnis
sonst bist Du verloren!

Amazia

Angst drängt mich in die Dunkelheit.

Sie lässt mich fliehen, denn ich kann nicht kämpfen.
Ich bin zu müde um mein Schild zu heben.
Ich bin schutzlos.
Und jede Erinnerung stößt schmerzhaft
in die noch immer blutende Wunde.
Mein Herz.

Wie gern möcht' ich all dem entfliehen.

Doch bin ich allein in meiner Welt,
allein mit all den Schmerzen.
Und wird es unerträglich,
macht der Hass sich breit.
Auf Dich?
Auf mich?
Auf meine Verletzlichkeit.
Auf meine Gefühle.

Schnitt.

Glöckchen

Lass ab, mein Herz, von all' den Qualen.
Verschließe Dich vor der Kälte,
flüchte in die Dunkelheit!
Was willst Du auch hier?
Komm', sanfter Tod!
Trage mich hinfort mit Deinen dunklen Schwingen.
Du allein bist die Erfüllung meiner Sehnsucht,
Du allein!

Glöckchen

THE CHURCH-BELLS AND THE RAZOR-BLADES

A rainy day, she´s alone in her room
Drowned by the pale light of the moon
She´s staring at the scars on her wrist
Where do I come from and where will I go?
Is there anything on the other side?
She closes the curtain and turns off the light

Schimmernde Rasierklingen flüstern ihr verlockende
Dinge zu
Sie wispern: Sieh nur, wie schön wir funkeln!
Wir ritzen deine Haut, ohne dass du etwas davon spürst
Wir lieben dich!
Komm mit uns!

She watches herself in a clouded mirror
She hopes it won´t hurt too much
Everything seems to be so sharp and clear
Is this life real or is it just a dream?
An intermediate station on the way to eternity
The water´s warm and cosy to her skin

Kühle Kacheln glänzen dunkel
im kühlen Licht der Lampe
Die Rasierklingen sind ganz nah
Du bist so süß, unter deinen schwarzen
Haarsträhnen hervorblickend
Hab keine Angst, wenn du dich auf die Reise begibst
Wir sind bei dir! Wir streicheln zärtlich deinen Puls
Und führen dich in eine Welt ohne Tränen

Wir lieben dich!
Komm mit uns!
Wir lieben dich!
Komm jetzt!

And she feels the sound of the mighty church- bells:
Ignore the deceiving razor-blades
They are slaves of the Evil One
Do you really think your mission is done in this world?
You´re so young
And there are many things you haven´t seen yet
Many experiences, you still have not made!
If you leave us now, you´ll never come back!
There´s no return!
No return!

Hey little girl, do you believe in god?
Do you believe in the material world?
Do you believe in anything at all?
Do you believe in everlasting love?
Do you believe in the stars above?
Do you believe in anything at all?

Und das Wasser färbt sich rot...

WORDS BY FELIX FLAUCHER 1991

18summers.com
glasklinge.com
18summers.de.ms

Nancy Klier

BorderlineCase

von Christopher Müller

"I hurt myself today to see if I still feel I focus on the pain the only thing that's real..." Ninc Inch Nails

Sie tat sich schon immer Dinge selbst an, denn Katie wusste, dass sich die Wahrheit über das Leben nur im Schmerz finden ließ. Auch wenn sich dies nur die Wenigsten eingestanden, und noch weniger wussten ...
Katie war ein „Cornflake Girl". Sie trug seit der dritten Klasse Shellys-Rangers. Sie hasste die billigen Imitat-Undercover-Botten. Aussehen war ihr schon immer wichtig gewesen, denn es war ja das erste was die anderen jemals sahen. Meistens das einzige, denn in ihr verschlungenes, verworrenes Innere ließ sie eh keinen blicken.
Der Fernseher war schon vor Monaten kaputt gegangen. Dabei war es ein uraltes Modell. Aus einer Zeit, als solche noch in Deutschland produziert wurden und der Rahmen des Fernsehers aus echtem Eichenholz bestand. Aber dann konnte man sagen, dass er auf seine Art noch immer funktionierte. Denn man konnte ihn noch ein- und ausschalten, aber es gab nur ganz marginalen Empfang, der unter den schwarzen und weißen Flimmerpunkten unterging, die ein Clown einmal Schnee getauft hatte. Ton gab es keinen mehr, nur noch infernales Rauschen. Trotzdem lief die Glotze tagein tagaus und verbreitete blaues Licht in der komplett schwarz gestrichenen Wohnung. Katie hatte einen Freund (nach dem anderen). Diesen jedoch schon seit einem Jahr, das war besonders.
John war dominant und nach außen eiskalt. So kalt wie menschliche Herzen. So kalt wie Großstädte. So kalt wie Blut.

John war fast zwei Meter groß und muskulös, wie man es sonst nur von Tieren kannte. (Ich sag nur Reitpferde und so...) Er gab nie Geräusche von sich beim Sex. Er sprach auch sonst nicht viel. Dafür ließ er seine Mimik und seine schneidenden Blicke für sich sprechen. Blicke voll Ekel, Hass und Abscheu.
Katies Eltern hatten ihr einziges Kind geliebt, konnten es aber wie all zu viele Eltern nicht zeigen. Also wusste Katie das auch nie. Kein Wunder, dass sie vom Gegenteil ausging. Wenig hatte Katie behalten, von dem was ihre Mutter so gefaselt hatte. Aber ein Satz blieb all die Jahre hängen. „Dein Vater hat eine Kippe nach der anderen geraucht, während ich dich zur Welt brachte, in dem schäbigen Krankenhaus." Hatte es da kein Raucherverbot gegeben? Hatte ihr Vater die Nikotinsucht über seinen Samen in sie übertragen? Oder warum war sie schon so früh süchtig geworden?
Man hatte ihr schon oft gesagt, wie schädlich Rauchen war. Da musste man es nicht erst in deutlicher Form auf die Kippenschachteln drucken. (Warum machte man das eigentlich nicht bei Alkohol? Womöglich deshalb, weil so viele Politiker Alkies waren ...) Schließlich war derjenige, der ihr das immer vorgehalten hatte, namentlich ihr Vater, an Lungenkrebs elendig verreckt. Aber das Rauchen war nicht das erste, selbstzerstörerische Verhalten gewesen das sie an den Tag gelegt hatte.
Bereits im Kindergarten schlug sie ihren kleinen, verwundbaren Kopf gegen Zementwände und Beton. Und sie schabte sich mit Legosteinen ewig über die Haut, bis diese ganze wund und rot wurde. Ein instinktives Verhalten, das sie niemandem abgekuckt hatte. Ein Verhalten, das sie sich selbst nicht erklären konnte. Erst Jahre später war sie in der Lage darüber zu reflektieren.

Kein Wunder also, dass man sie zu einem Kinderpsychologen schickte. Dieser alte Mann mit Hasenscharte und feuchter Aussprache ließ sie ein Bild malen mit Buntenstiften. (Keine Filzstifte, es war die Hochzeit der Ökos.) Und warum? Sie hatte sich geweigert, zu sprechen und der Alte wollte sie anhand des Bildes analysieren.

Katie malte ein Bild mit sehr viel Rot ... schon damals ihre Lieblingsfarbe. Trotzdem war die abstrakte Zeichnung unentschlüsselbar für den Diplom-Psychologen. Er war einfach nicht vorbereitet darauf, denn die meisten Kinder malten sachliche Dinge. Abstraktion kam erst viel später. Selbst Picasso hatte erst fast fotorealistisch gemalt, ehe er immer mehr entfremdete.

Also war der alte Mann, mit den krustigen Spermaflecken auf der Jeans und mit dem halboffenen Hosenschlitz, bereits leicht erbost. Er mochte es nicht an seine Grenzen zu stoßen. Für ihn war die Bestätigung seines beschränkten Wissens sehr wichtig. Was darüber hinaus ging machte ihn zornig. Seine Welt war klein und er wollte es so. Überschaubar. In Schubladen passend. Beschreibbar. Er war es gewohnt, Leuten und vor allem Kindern, Etiketten an zu heften.

Noch immer verärgert, brachte er die kleine minderjährige Katie dazu, sich auf dem Ledersofa lang zu machen. Darüber hing ein Poster von Sigmund Freud. Vorher hatte er ihr ein Glas Cola eingeschenkt, das sie begierig trank. (Kinder lieben Cola, sowie alles Ungesunde.) Was Katie natürlich nicht wusste, der Psychiater hatte ein wenig Valium in der Cola deponiert. Dann machte er eine Traumreise mit der Kleinen. (Ich muss ergänzen, Traumreisen machen Psychologen nur, wenn ihnen wirklich gar nichts anderes mehr einfällt, um ihre Patienten zu beschäftigen. Wenn man es mit der Schule vergleicht, kommt es in etwa dem bei Kindern so beliebten Videofilm gucken gleich.) Dieser Seelenklempner hatte jedoch diabolische Hintergedanken. Nun könnte man mir vorwerfen, es sei reißerisch oder unrealistisch, was danach passierte, aber es ist so ähnlich (!) wirklich passiert, leider. Auch wenn man sich oft eine schönere Welt wünscht, so sind die Wahrheit und die Realität dann doch meist schmutzig und für die wenigen, fühlenden Menschen zutiefst traurig.

Aus dem alten Tonbandgerät mit den riesigen Plastikscheiben, auf denen das Magnetband gezogen war, erschallte verrauschtes Meeresrauschen, das auf Katie zutiefst hypnotisierend und einschläfernd wirkte. Das war beabsichtigt. Wie ein Nikotin-geschwängerter, samtener Vorhang klappten Katies kleine Augenlider zu.

Der alte Mann schob mit seinen langen Fingern (unter den Nägeln war etwas undefinierbares schwarzes) Katies verwaschenes Alf-T-Shirt hoch und schob seine andere Hand in ihre Cord-Hose … Abblende.

Später drückte Katie Kippen auf ihrer Haut oder ihrer Zunge aus. Es tat gut. Der Schmerz tat gut! An Stellen, die nicht sofort ins Auge sprangen. Im Schwimmbad oder unter der Dusche hätte man es gesehen. Aber Katie duschte nur mit fast geschlossenen Augen. Man könnte jetzt kombinieren, dass sie Angst hatte Shampoo ins Auge zu bekommen. Aber die Wahrheit ist, dass sie den Anblick ihres nackten Körpers nicht ertragen konnte. Viele Menschen haben diese Gefühle erst in der Pubertät, in einer Zeit, wenn der Körper sich schnell und seltsam verändert. Aber Katie hatte sich schon als kleines Kind nicht im Spiegel ertragen können. Einmal zerschlug sie mit einer Parfümflasche den Badezimmerspiegel ihrer Mutter, um sich nicht weiter sehen zu müssen. Dabei riss ihre Haut auf und Katie lernte so in blutjungen Jahren, dass unter ihrer zarten Haut solch farbige Flüssigkeit pulsierte. Es hatte natürlich Konsequenzen. Obwohl das Parfüm schweinebillig gewesen war, hatte es eine heftige Strafe für Katie gegeben. In Form einer gewaltigen Tracht Prügel. Anfangs hatte sie noch Rotz und Wasser geheult, aber dann waren die Tränen nach und nach versiegt, während ihr Vater weiterhin wie besessen auf sie einschlug. Es ist nur schwer nachzuvollziehen, was dem Vater dabei durch den Kopf ging. War er von Testosteron benebelt? Oder versuchte er in seiner Tochter etwas abzutöten, das in seinem eigenen Kopf wucherte wie ein Krebsgeschwür in seinen Lungen?

Katie hatte später einmal(!) über Schläge mit John geredet. Normalerweise wäre er nie auf so ein Thema eingegangen, aber er hatte an dem Abend etwas zu erzählen gehabt. Sein Vater hatte ihn, so er sich richtig erinnerte, nur einmal geschlagen, was absolut nicht schlimm gewesen war. Schlimm war nur das Gerede seines Vaters gewesen, der deswegen noch Jahre später Komplexe gehabt hatte und dauernd wieder auf dieses Thema zurückkam. Ständig sprach er davon wie leid es ihm tat, wie er sich dafür verachtete. Dieses Gerede hatte nämlich auch dafür gesorgt, dass John sich irgendwann selbst schuldig fühlte. Paradox. Er fühlte sich schuldig, geschlagen worden zu sein, weil sein Vater darunter litt und John die Schuld bei sich suchte.

Ins Schwimmbad ging Katie nie. Sie fand sich schon als Kind zu fett. Daran waren wohl ihre Verwandten schuld. Die (erneut paradox) sie einerseits mit Süßigkeiten sprichwörtlich überhäuften, dann jedoch wiederum den alten Verwandten-Standard-Spruch abwandelten von „man, bist du wieder groß geworden“ in „meine Güte, hast du wieder zugenommen“. Die omnipräsenten Models in der Werbung und an Plakatwänden taten dann ihr Übriges dazu.

Kein Wunder, dass sie anfing zu kotzen. Mittlerweile ging das von ganz allein, sie brauchte nicht einmal mehr ihren Finger dazu. Und John fiel es nie auf, dass sie nach dem Essen kotzen ging. Es blieb nie Essen übrig. John war Asket durch und durch. Kein Gramm Fett am Leib. Er aß nicht viel, war absolut kein Genussmensch. Was sollte man auch anderes von einem Sportler wie ihm erwarten. Wer sich derart folterte mit Joggen, Gewichten und Co. brauchte wohl den Schmerz. Denn mit Vergnügen hatte sein zwanghaftes Training gar nichts zu tun. Das einzige Vergnügen war dann eben, seinen durchtrainierten Körper über- (und ich wiederhole) überall zu präsentieren. John war der Typ Mann, der Calvin Klein benutzte und auch so aussah wie die Kerle in der Werbung, halt nur nicht in schwarz/weiß. Er fand auch Kate Moss attraktiv und bekam nicht wie die meisten anderen Männer bei ihrem Anblick den unbändigen Wunsch, sie unaufhörlich zu füttern. Ich muss nicht erwähnen, dass er einen Waschbrettbauch hatte. Der war in der Tat härter als ein japanischer Futon. Und es ist auch kein Geheimnis, dass Katie blaue Flecken davon bekam.

Es war schon befremdlich, für Leute, die es nicht wie Katie gewohnt waren, ihn zu beobachten. Stundenlang war er mit seinen Hanteln beschäftigt und gab dabei jedoch Geräusche von sich, die Katie beim Sex so schmerzlich von ihm vermisste. Sie saß dann irgendwo zusammengekauert vor dem kaputten, flimmernden Fernseher, mit Kippe im Mundwinkel und hörte ihm beim Stöhnen und Ächzen zu. Sah, wie der Schweiß über seinen Körper perlte und sie bekam das Gefühl, er würde bei den unmenschlichen Strapazen, denen er sich freiwillig alltäglich und stundenlang aussetzte, mehr Lust empfinden, als in ihrer Gegenwart ... Das schürte dieses alte Selbsthass-Gefühl in ihr, das sie schon so lange innerlich und jetzt auch äußerlich kaputt machte. Dieses unlöschbare Gefühl, man würde nicht geliebt werden. Egal was die Ratio, der Verstand sagte. Egal wie oft John sagte, er liebe sie. Es brachte ein gar nichts. Und eins musste man John lassen, auch wenn er wenig sprach und Schwierigkeiten hatte, Gefühle zu zeigen, die Liebe, die er aufrichtig Katie gegenüber empfand, konnte er auch hin und wieder in Worte fassen, und das ohne nerviges Reimschema.

Aber Katie konnte es nicht glauben... Ihr Schatten, die Stimme in ihrem Hinterkopf, übersetzte das „Ich liebe dich!" für sie in: „Ich sage dir, dass ich dich liebe, Katie, um mich selbst davon zu überzeugen, weil ich weiß, dass es in Wirklichkeit nicht so ist. In Wirklichkeit, Katie, finde ich, dass du viel zu fett und hässlich bist. Ich suche eigentlich schon seit wir uns kennen, nach einem Ersatz für dich, solange halte ich es dann noch notgedrungen mit dir aus. Auch wenn mit dir schlafen so langweilig ist, als würde man es mit einer schwabbeligen Leiche treiben!"

John hatte nie solche Gedanken! Er hätte auch nie so gedacht. Nie im Leben! Aber die Stimme in Katie war niederträchtig und verdammt mächtig. Diese Stimme wusste alles in ihrem vermaledeiten Zynismus. Die Stimme kannte Johns Verstecke, wo er seine Rasierklingen deponierte. Die Stimme sagte Katie, dass sie niemals längs schneiden sollte, denn dann hätte sie dem Leid ja ein Ende gesetzt und so war das Leben nicht gedacht. Man musste brav wie alle anderen bis zum Schluss im

Spiel bleiben, bis man radikal von Freund Hein aus dem Leben gekegelt würde.

So war es angedacht und so mussten die Menschen es ausbaden. Von mehr als angedacht konnte man bei der Schöpfung auch nicht reden. Denn wie war es sonst zu erklären, dass ein Igel, der sich instinktiv zusammenkauerte auf dem Asphalt, den Reifen eines LKWs nicht gewachsen war. Suizid hatten die Menschen auch nicht erfunden. In der Tierwelt hatten es die Lemminge vorgemacht. Aber so was kam wie gesagt für Katie nicht in Frage. Denn jeder verzweifelte Mensch weiß es. Es bleibt immer ein Schimmer Hoffnung im Kopf, der einen weitermachen lässt.

Einmal hatte Katie beim Aufräumen eine aufgeschlagene Ausgabe von „Men´s Health" (die mit Abstand menschenverachtenste Zeitschrift nach dem „Stürmer") neben Johns Bett gefunden. Das Foto auf der Seite zeigte Kate Moss. (Was Katie nicht wusste, selbst Kate Moss hatte Narben auf der Haut, die man aber bei jedem Foto mit Bildbearbeitungsprogrammen entfernte.)

Dieser Fund setzte üble Verwicklungen in Gang. In Katies Kopf ratterte es. Hatte John es jetzt nötig auf Wichsvorlagen zurückzugreifen? War sie ihm nun wirklich nicht gut genug? Hatte er sie womöglich nur aufgerissen, weil ihr Name Kate so ähnlich klang? Die Resultate waren blutig. Katie konnte Johns Klingen nicht finden. Sie war den ganzen Tag allein in der Wohnung, denn John ging nun nach der Arbeit direkt ins Fitness-Studio. Kam erst spät heim, müde und wortkarg. Katie hatte ihren Job verloren, sie war Verkäuferin gewesen. Ein Kunde hatte erschreckt aufgeschrieen, als er Katies Narben am Arm sah, was den Chef zur sofortigen Kündigung getrieben hatte. Katie hatte mal irgendwo gelesen, dass sich das menschliche Leben im Scheitern manifestierte. Das hatte sie sich angestrichen, traf es doch so sehr auf ihr Leben zu.

John fiel nicht auf wie Katie immer knochiger wurde. Ihm fielen nicht einmal die immer deutlicher werdenden Narben auf. Er war auf eine Art ein Ignorant, nein schlimmer, ein bewusster Ignorant. Aber es wäre all zu einfach und fatal unrichtig, die Schuld für Katies Leiden auf ihn zu schieben.

John hatte selbst mit seinen eigenen Dämonen zu kämpfen. Er war von dem Gedanken besessen, dass nur sportliche, gepflegte, ja Klon-artige Menschen Frauen abbekamen und in der Gesellschaft akzeptiert wurden. Es ist unmöglich zu entschlüsseln wie er zu der irrsinnigen Ansicht gekommen war. Aber wie Katie war er auch von der Äußerlichkeit so besessen, dass es krankhaft war.

Er ging im Sport derart an seine Grenzen, dass es schon masochistische Züge annahm. Darüber war er sich selbst jedoch nicht im Geringsten im Klaren. Er hing einem veralteten Männerideal nach, das besagte Männer müssten überlegen, muskulös und dominant sein. Dabei war er in seinem Herzen kein Stück dominant. Er war sogar zum Bund gegangen, womöglich weil er ein paar Mal zu oft gehört hatte, dass „Zivis alle Drückeberger und Schwuchteln sind“. Und dann standen sie alle um ihn herum. Keine Frauen (so war´s damals noch) und nur Gegröle, Gesaufe und Gelaber. Kerle, die nach sechs Bier und so weiter anfingen, mit dem jedem Kerl Brüderschaft trinken zu wollen. Danach wurden sie dann handgreiflich, wollten anfassen, gedrückt werden … Das fand John alles derart eklig, dass er es sich ganz schnell anders überlegte beim Bund länger als die Mindestzeit zu bleiben.

Dabei hatte er martialisches Geballer und Testosteronrausch erhofft …

Sein Job war dann auch urmännlich. Doch selbst dort gab es dann irgendwann eine weibliche Chefin, die es auf ihn abgesehen hatte, doch darum geht es hier nicht wirklich. Katie fand keinen neuen Job und war gefangen in der kleinen Wohnung mit all den Hanteln, über die sie dauernd im Dunkeln stolperte. Denn sie hatten keine festen Plätze, lagen immer überall im Weg herum. Sie selbst hasste solche Dinge. Das einzige, was sie hochwuchtete, war das japanische Schwert ihres Freundes, das als Phallussymbol über seinem Bett hing. Die Klinge war erstaunlich stumpf, aber es gelang ihr trotzdem, die Wunden damit wieder aufzukratzen.

John hatte irgendwann die Schnauze voll von Fitness-Studios. Das war mittlerweile auch keine reine Männerdomäne mehr. Und außerdem nahm das dort langsam ebenso kranke Züge an wie beim Militär. Der neuste Trend (Der alte amerikanische Trend war gewesen, riesige Glasfenster um die Studios zu positionieren, damit die Leute einen draußen sahen und man drinnen einen Auftrieb bekam, den inneren Schweinehund zu besiegen. Damit man dann später auch draußen am Fenster lang flanieren konnte, um mit den Fingern auf die Übergewichtigen drinnen zu zeigen.) war, ausgemusterte G.I.'s zu engagieren, die dann wie Drill-Sergeants mit den Sportlern umgingen, sie mit Härte und Gewalt zur Trainiererei antrieben. Das war John schon in der Grundausbildung auf den Sack gegangen.

John schlief weniger mit Katie. Dafür kann man jetzt verschiedene Gründe erfinden. Man sagt ja, dass in langjährigen Beziehungen die Lust aufeinander auf ganze natürliche Art und Weise abnimmt. Was dann spätestens in der Ehe, nachdem die Kinder geschlüpft sind, ganz ausbleibt. (So ein Scheiß, nur weil es oft so ist, muss es nicht die Regel sein. Fehlende Fantasie und Kreativität…) Oder man findet halt wichtigere Dinge im Leben, als der juvenile oft zwanghafte Paarungsdrang. Aber womöglich lag es bei Katie und John daran, dass John Sex zwar unwahrscheinlich oft praktizierte, aber nie wirklich großen Gefallen daran fand. Es war für ihn immer eine extrem aufgebaute und aufgebauschte Hoffnung, die dann ganz enttäuschend verpuffte, wie ein Helium Ballon, der eben noch so schön die Stimme mutiert hatte. Aber so recht wollte er sich das nie eingestehen, außerdem winkte ja jedes Mal ein neuer Versuch. Und für Katie war es etwas anderes. Es waren Momente, in denen sie ihrem Freund, derzeit John, verdammt nahe war. Sie suchte eigentlich viel eher Nähe, Zärtlichkeiten und solche Dinge. Aber sagen konnte sie das John auch nicht, der sie nur ganz selten richtig küsste.

Das war auch so eine Sache, die Katie in schlaflosen Nächten quälte. John hingegen schlief immer fest und sofort ein. Manchmal sogar mitten in Bettgesprächen, die Katie so wichtig waren, egal wie spät. Vielleicht lag es an all dem Sport, dass John so problemlos pennen konnte.

Katie kratzte oft mit ihren Nägeln über ihre Haut, was vollkommen unbewusst und instinktiv von statten ging. Als ihr das irgendwann auffiel, nahm sie sich felsenfest vor, die Nägel nicht mehr so lang und scharf werden zu lassen, aber auch mit stumpfen Gegenständen konnte man sich wehtun. Leider…

Auf eine Art war es ein Hilferuf, das Selbstverletzen. Aber nur auf eine Art, denn ihr Freund nahm das einfach nicht wahr. Als würde er die Schrammen und Narben gar nicht sehen. Es war wie verhext. Oder sah er es und sprach einfach nicht drüber? Verdammt, man hatte sie gefeuert deswegen, wie konnte John das einfach ignorieren…

Aber diese erste übernatürliche Begebenheit sollte nur der Anfang sein, der in Katies Wahn mündete. Es fällt schwer, diese tragische Geschichte zu erzählen, man will ja auch nichts beschönigen. Aber die nächste Zeit an Johns Seite sollte die Hölle werden, für die arme, in der Wohnung gefangene, kleine Katie. Warum denn bloß der kaputte Fernseher permanent an sein müsse, hatte Katie John besorgt gefragt. Aber er meinte nur, das muss halt so sein. Und dann saß Katie tagein tagaus davor. Und John gab von nebenan diese heftigen, animalischen Laute, die sie eigentlich im Bett hören wollte…

Irgendwann sah sie ein Bild, hinter all dem flimmernden Punkten… Erst zweifelte sie noch an ihrem Verstand, dann wurde es aber deutlicher. Es war ein Smiley, die Farbe konnte man nicht bestimmen, der Fernseher war natürlich nur schwarzweiß. Und dieser Smiley fing dann an, mit ihr zu reden. Erst machte er ganz beiläufige Bemerkungen wie: „Hallo, Katie, schickes AleX Page-Shirt". Das war natürlich sonderbar, denn Katie trug tatsächlich so ein Shirt. Es war ein selbst gemaltes Unikat, denn von „AleX Page" gab es kein Merchandising. Also hatte sie ein schwarzes Shirt genommen und mit Johns aufklappbarem Rasiermesser die Buchstaben heraus geschnitten. Darunter trug sie dann am liebsten ein rotes T-Shirt, es sah also aus, als seien die Buchstaben so tief geschnitten, dass Blut sichtbar wurde und Fleisch. Das war aber auch ein wenig zwiespältig von ihr. Sie kannte mittlerweile ihren zerstörerischen Drang und litt darunter, nicht mit der Ritzerei und all dem aufhören zu können.

Aber gleichzeitig genoss sie es eben auch. Vielleicht war auch das T-Shirt ein weiterer Wink in Richtung John. Aber auch darauf ging er merkwürdiger Weise nicht ein.
Die Bemerkungen der Flimmerkiste (im wahrsten Worte des Sinnes) wurden immer pikanter, bizarrer und im Endeffekt erschreckender. „Netter Ausschnitt, willste fremdgehen, Katie?“ Darauf kam einen Tag später: „Ist das deine Naturhaarfarbe, in deiner Nase?“ Dann schwieg der Apparat eine Woche lang ganz. Trotzdem saß Katie mit einem Notizblock und Schokolade stundenlang davor. So fing sie an, rumzukritzeln. Sie hatte seit der Kindheit nicht mehr gemalt und jetzt fand sie Gefallen daran. Erst waren es nur Strichzeichnungen, dann wurden die Bilder deutlicher. Sie nahm nun bunte Wachsstifte, am liebsten rot. Ganz viel Rot aufs Karopapier. Dann sprach die Glotze wieder: „Hey, Katie Moss! Probier mal dein Blut als Farbe, ist doch roter!“
Katie bekam einen Mordsschreck. Sie hatte nicht mehr mit dem Fernseher gerechnet. Und was er sagte, machte ihr furchtbar Angst. Sie werden mich in Zwangsjacken packen und wegsperren, ging es ihr durch den zerzausten Kopf. Dann kam John von der Arbeit. Er strahlte und sah glücklich aus. Katie traute sich nicht, die Sache mit dem Fernseher anzusprechen. Dies hätte ihren womöglichen Wahnsinn demaskiert, das konnte sie nicht zulassen. Sie sprintete in die Küche und fing an Johns Lieblingsgericht zu kochen. Es war keineswegs so, dass Katie die einzige war die kochte. Aber jetzt wo sie arbeitslos war, wäre es unfair gewesen, ihn abends noch in die Kirche zu schicken. Äh, Küche. Also kochte sie Nudeln ohne alles. Sein Lieblingsessen. Sie haute sich dann noch eine leckere Sauce drüber, aß wie im Rausch, weil sie Tage zuvor gehungert hatte. Nur Schokolade eben. Und Kotzen.

Und als John nur den halben Teller aß, hörte Katie die Glotze drüben wieder. „Er hasst deine Art zu kochen, deshalb isst er immer auswärts. Willste wissen, wo John war? Nicht auf Arbeit. Er hat seit Tagen Urlaub und fickt eine andere!“

Es war so, als würde der Fernseher Dinge wissen, die so noch nicht einmal in Katies Kopf gewesen waren. Und wenn die Saat der Zwietracht erst einmal gesät ist, wird man sie nie wieder los. In diesem Fall der Gedanke, dass John eine andere hat. Und dann kam er irgendwann immer später und später. Die Aschenbecher waren dann so voll, wie der blutrote Mond am Himmel. John war überzeugter Nichtraucher. Aber er tolerierte Katies Zigarettenkonsum, schränkte sie nicht ein, schickte sie in der Kälte nicht raus auf den Balkon, wie Katies Mutter damals, wobei sie einmal sogar ne Lungenentzündung bekam. Also keinen Lungenkrebs, wie ihr Vater. Paradoxie an allen Ecken und Enden …

Nachts konnte Katie nicht schlafen. John lag neben ihr, still wie eine Leiche. Sie fingerte an sich rum, drehte sich Locken mit den Fingern, kaute auf ihren Nägeln, zählte Schafe und sah doch nur die Andere vor Augen, die mit John schlief und ihm ‚diese Laute' entzauberte.

Es war zum Heulen. Und Katie tat dies auch oft, aber immer nur allein. Das war so eine Eigenart, die ihre Mutter ihr vermacht hatte. Die Unfähigkeit in Gegenwart anderer zu heulen, egal wie groß die Trauer und der Schmerz waren, egal wie prall gefüllt die Tränensäcke waren. Tränensäcke waren stählern. Sie rissen niemals bei ihr. Fluch oder Segen? Definitiv Fluch!

Es war schon eine schwere Zeit für Katie. Sie zweifelte nun nicht mehr nur an sich und ihrem Verstand, sondern auch an John, seiner Liebe und seiner Treue. All das ließ die Schnitte in ihrer Haut immer tiefer werden, tiefer als Schallplattenrillen, tiefer als Ackerfurchen und tiefer als Schwarze Löcher …

Und der Fernseher wurde wieder munterer. „Na, Kate, wie ist das Leben? Wenn du so weiter rauchst, wirste wie dein Papi enden. Rabenschwarz und krähentot."

Katie konnte es nicht mehr aushalten. Sie riss den Stecker raus, war doch egal, wenn John ihn anbehalten wollte. Und dann hatte sie vorläufig Frieden. Nur die Angst, John ginge fremd, plagte sie. Irgendwann rief sie dann bei Johns Arbeitgeber an und fragte nach ihm. Die Chefin sagte, John sei krankgeschrieben, das brachte Katies Fass zum Überschäumen. Der Fernseher hatte auf seine Art Recht gehabt. Verdammter Scheiß! Ihre Fantasie ging mit ihr durch, sie sah John mit dieser anderen Frau, die schlank war und sexy und nicht übergewichtig wie sie selbst! Sie waren glücklich zusammen. Und dann ging etwas anderes mit ihr durch, und zwar die Plastikgabel. Ihr Bewusstsein schwand. Das Ende vor Augen, kein Licht oder so, nein. Es spielte Musik in ihrem Kopf, es klang nach „Stairway to heaven". Und sie ging einen langen Flur entlang. Dort stand ein älterer Herr ohne Bart und ohne Haupthaar. Er sah ein wenig aus wie Yul Brynner. Nur ohne Cowboyhut. Er sagte etwas zu Katie: „Kleines, deine Zeit ist noch nicht gekommen. Du musst noch einmal zurück in diesen irdischen Irrsinn. Ich werde dir einen Rat mitgeben. Sei kompromisslos und sei herzlich. Sei verletzend und sei liebevoll. Versuche, alle Gefühle zu leben, unterdrücke sie nicht. Höre auf zu rauchen und höre nicht auf zu malen. Sei geheimnisvoll und sei bescheiden. Sei ruhig ein wenig arrogant bei Zeiten. Aber sei niemals brutal oder hinterhältig. Und nun drehe dich um und versuche dein Leben umzukrempeln! Mach

dir nicht dauernd Gedanken über deine Wirkung auf andere, so wirst du nie glücklich werden. Vergiss meine Worte nicht."
Sie lag in einem weißen Bett. Fixiert. Allein in einem Klinikraum. Sie hörte aus dem Flur leise Musik, es klang nach „Stairway to heaven". Dann kam ein Mann mit Glatze herein. Er trug keinen Cowboyhut. Er lächelte sie herzlich an.
„Sind sie hier der Gott?", fragte Katie.
„Nein mein Kind, das bin ich weiß Gott nicht ...", sprach er mit tiefer, männlicher Stimme.
„Sind sie dann ein Arzt?"
„Nein mein Kind, ich bin auch kein Halbgott in weiß."
Katie spürte, dass sie mit Medikamenten voll gepumpt war.
„Wer sind Sie dann bitte?"
„Mein Name ist Heinrich Engel. Ich bin hier Patient."
„Ähm, wo sind wir hier?"
„Dies ist eine städtische, geschlossene psychiatrische Anstalt, mit einem Fassungsvermögen von 1013 Patienten. Sieben Ärzte arbeiten hier, ein Zivi und eine Menge Pfleger. Um sechs, zwölf und sechs ist Essen, jeweils danach Medikamentenausgabe. Die Bibliothek ist gut bestückt. Der Fernsehraum ist beliebt, aber selbst hier gilt Demokratie, also läuft es wie draußen meist auf Fußball oder Deutschland sucht den „Superman" hinaus. Wobei selbiger natürlich nicht gefunden werden kann, der trägt ja schließlich ne Brille und ist so nicht zu identifizieren. Meist trägt er die, wenn er gerade nicht einen Latexanzug mit Flügen trägt."
Katie konnte ein Lachen nicht verkneifen.
„Moment. Das ist der verrückteste Scheiß, den ich seit langem gehört habe!"

„Danke. Ich habe es mir gerade frisch ausgedacht. Aber sage bitte den Ärzten nicht, dass ich mit dir gesprochen habe. Sie halten mich für einen Autisten und dementsprechend für scheinbar dumm. Ich rede hier mit niemandem, aber du hast mich mit deiner Präsenz erweckt. Ich habe mitbekommen, wie sie dich einlieferten, wie knapp du dem Sensenmann entsprungen bist. Das hat mich bewegt. Ich habe lange nichts mehr Erwärmendes erlebt. Ich sah nur noch Gewalt und Kälte in der Welt, bis ich das Sprechen verlernte. Bis ich nicht einmal mehr für mich selbst sorgen konnte. Mein Vater hatte mich nackt im Winter in einem Laubhaufen liegend gefunden. Er hatte nicht verstehen können, dass ich nur mit dem kalten Laub hatte spielen wollen. Er wies mich ein. Die Jahre vergingen. Und jetzt kommst du."

„Wer hat mich hergebracht? War es John? Mein Freund?"

„Nein. Es tut mir leid. Ich weiß nicht wer. Das musst du selbst herausbekommen."

„Aber wie? Ich bin festgebunden."

„Das wird sich irgendwann ändern. Du bist erwachsen, du hast dich nicht selbst eingewiesen, das heißt, jetzt wo du sprechen kannst, müsstest du dich eigentlich auch selbst entlassen können, wenn das dein Wunsch ist."

„Wie lange bin ich schon hier?"

„Och, ich denke so ne Woche …"

„Und John war nie hier?"

„Nein, dich hat keiner besucht. Tut mir leid. Wirklich. Ich muss nun gehen."

Ohne ein weiteres Wort war der Glatzenträger verschwunden. Katie schlief wieder ein und die Tage verflogen. Man band sie los. Sie aß, nahm Medikamente. Sprach mit Ärzten, die sie dann schließlich einen Border-

line-Fall nannten. Es war ein medizinischer Sammelbegriff, der gerade in Mode gekommen war. Er passte eben auf fast jeden Menschen, respektive, war eine riesige Schublade für alle, die man sonst nicht einordnen konnte. Katie wollte sich nicht entlassen. Sie wartete erst noch auf John, aber er kam nicht, rief nicht an... Er ignorierte wohl wie damals, oder er war weg, mit der Frau oder allein oder Gott weiß was.
In der Klinik fing Katie wieder an zu malen. Und sie schrieb auch Tagebuch. Das war sehr erfüllend und half ihr zusammen mit der Therapie sich und ihre Ängste, ihre Krankheit zu verstehen. Sie wusste nun, dass sie magersüchtig war und autoaggressiv. Immer mehr psychologische Begriffe wurden ihr beigebracht. Man sprach nun auch von Depressionen und von Verstimmungen. Sie lernte all das. Fing an zu verstehen woraus das Verhalten resultierte. Malte Bilder darüber und schrieb alles auf. Aber sie konnte nicht aufhören damit. Selbst in der Klinik kotzte sie weiter. Sie tat sich auch immer noch weh, aber so geschickt, dass es die Ärzte nicht merkten. Irgendwann wurde sie entlassen. Sie fuhr mit der U-Bahn in ihre Wohnung zurück. Und dort saß John vor dem Fernseher mit einem Notizblock. Er weinte.

Beratungsstellen

Bundeszentrale für gesundheitliche
Aufklärung, anonyme Telefonberatung :
Montag bis Donnerstag, 10 bis 18 Uhr,
Freitag bis Sonntag, 10 bis 18 Uhr,
Tel.: 0221892031

Praxisgemeinschaft für Psychotherapie
(Verhaltenstherapie und klinische Hypnose)
Ebelingstr. 5
07545 Gera
Tel.: 0365-7731955 o.
0365-77309590

Psychologische Beratungsstelle
Der Gesellschaft für angewandte
Psychologie, Rosenstraße 9,
35037 Marburg
Tel.: 0642122232

Bundesfachverband Essstörungen,
Goethestraße 31, 34119 Kassel,
Tel.: 0561713493

Neurologisch Psychiatrische Klink
SKH Altscherbitz, Leipziger Str. 59,
04435 Schkeuditz
Tel.: 03420487465

Klink Schwedenstein für Psychosomatische Medizin
Oberärztin Dr. med. Sturz
Dipl.-Med. C. Eckardt
Obersteinaer Weg, 01806 Pulnitz
Tel.: 035955/47-0

Klinikum Nord Ochsenzoll
Frau Dr. med. H. Neubauer
Langenhorner Chaussee 560
22419 Hamburg

E. Johannes Krankenhaus
Psychosomatik und Psychotherapie
Dr. Reddemann
Graf von Galen Str. 58
33619 Bielefeld
Tel.: 0521801-1531

Klink für Psychiatrie und Psychotherapie der
Uni Freiburg
Dr. Ulrich Frommberger
Ambulanz für Psychotraumatologie
Tel.: 0761270-6600

Dr. Martin Bohus
Dialektisch - Behaviorale Psychotherapie
Borderline Störungen
Tel.: 0761270-6822
Fax.: 0761270-6523 oder -6619

Klinikum Nürnberg
Dr. med. Jochen Peichl
Prof.- Ernst – Nahten - Str. 1
90340 Nürnberg
Tel.: 0911398-2839
Fax.: 398-2861

Weitere Adressen findet ihr auch im Internet.

Internetseiten

www.Bundesfachverbandessstoerungen.de

www.Hungrig-Online.de

www.Magersucht.Online.de

www.Essprobleme.de
(Austauschmöglichkeit, per Chat und Mail)

www.RoteLinien.de
(Internet Seite zur Selbsthilfe)

www.Hungrige-Seelen.de
(Sehr schönes Forum zum Thema)

www.DarkRedTears.de
(Private Seite zum Thema Borderline und S.V.V.)

www.DiamondOfTears.de.vu
(Private Seite, Autorin und Infos zum Thema…)

www.Windblume.de
(Private Seite, zum Thema…, sehr schön, informativ, klischeefrei und gefühlvoll)

www.Glasklinge.com

(Private Seite, zum Thema..., mit Fotos Infos und Meinungen, Mitglied der *„18Summers"* Seiten)

www.18Summers.com

(Ehemals *„Silke Bischoff"*, jetzt die neue Seite von Felix Flaucher, sehr schön und auch informativ zum Thema...)

www.SecretEscape.de

Private Seite des Autors und Herausgebers.

„An dieser Stelle, möchte ich mich von den Inhalten der Internetseiten ein wenig distanzieren. Diese Seiten sind nach bestem Wissen und Gewissen zusammengestellt. Ich hoffe daher, dass sie euch helfen können und euch auch gefallen.

Da es möglich sein kann, dass sich jemand von diesen Seiten verletzt, angriffen oder abgestoßen fühlt, übernehme ich keinerlei Garantie oder Haftung, für die Inhalte und die links dieser Internetseiten, und auch nicht für etwaige Folgen!"

Ausklang

„Mitten im Leben sind wir vom Tode umgeben!“

Dark Angel

„Schreiben ist hart, man kommt nur schwer dahinter wann man aufhören muss!“

Sir Peter Ustinov

SEELENFICKER

ERSCHRECKENDES TAGEBUCH

«Ich habe mir immer gedacht, wenn ich Drogen nehme, dann können sie ruhig meinen Körper ficken, dann sollen sie mit mir machen, was sie wollen. Denn ich hasse meinen Körper, der ist so fett und hässlich und unförmig, und sowieso habe ich es nicht besser verdient.
Doch in den Momenten, wenn die Drogen aufhören zu wirken, merke ich, dass die Leute auch meine Seele ficken. Das tut weh, nein, mehr noch, das zerstört, ohne zu zerstören, man bleibt übrig und weiß, dass man kaputt ist, unheilbar, und dass man damit leben muss ...»

Gerade volljährig geworden, erzählt die Autorin von ihrer Kindheit im Heim, von den ersten Drogen mit zwölf und dem Drogenstrich, dem harten Leben zwischen Freiern, Zuhältern und Dealern sowie dem Versuch, diesem Leben zu entkommen – auf die ein oder andere Weise.
Ungeschönt, unerbittlich ehrlich zeigt sie uns, wie das Leben in Deutschland auch aussehen kann, fernab von Behaglichkeit und Familie, dafür staatlich subventioniert und zumindest geduldet.

«Seelenficker ist ein Buch, das den Leser zutiefst berührt und den Finger auf die Missstände unserer Gesellschaft legt. Bewegend, berührend, schockierend und gelungen.» **Gothic Magazine**

«Ein Buch, bei dem einem schon nach dem Lesen der ersten Seiten klar ist, dass es eines jener Bücher ist, die man nie wieder vergisst [...] Ein erschütterndes Buch, in dem das individuelle Porträt Nataschas zum Spiegelbild einer ganzen Gesellschaft wird, nämlich unserer! «Seelenficker» ist ein Buch, das man ganz einfach lesen muss!» **literra.info**

Natasch
Seelenficke
Tagebuchroman vom Drogenstric

Taschenbuc
12 x 18 cm, 128 Seite
1. Auflage ab September 200

ISBN-10: 3-86608-068-
ISBN-13: 978-3-86608-068-

VK: 9,95 Eur

9 783866 080683

NATASCHA

Der Roman basiert auf autobiographischen Erlebnissen der Autorin. Geboren 1988, wuchs sie irgendwo zwischen Heim, Mutter, Stiefvater und der Straße auf. An ihrem zwölften Geburtstag begann ihre Drogenkarriere und damit kurze Zeit später auch die Beschaffungskriminalität.
Der Straßenstrich wurde ihre Heimat. Einen Selbstmordversuch, zwei fehlgeschlagene Schwangerschaften und zahllose Freier hat sie in ihrem Tagebuch festgehalten. Das Leben in einer Parallelwelt, die nur einen kleinen Schritt von der unsrigen entfernt ist, zu nahe, um sie totzuschweigen oder zu ignorieren.

- Doppelseite in der Jungendzeitschrift YAM!
- Bester Verkaufsstart in der Verlagsgeschichte
- Basierend auf wahren Begebenheiten
- Hörbuchlizenz verkauft, Lizenzanfragen aus dem In- und Ausland

ISSIGE & IRONISCHE SATIRE

reas Kurz
s verdammte Glück
norvolle Storys, bissig & ehrlich

2. Auflage verfügbar
ISBN-10: 3-86608-039-5
ISBN-13: 978-3-86608-039-3

chenbuch
x 18 cm, 112 Seiten

VK: 9,95 Euro

DAS VERDAMMTE GLÜCK

«Das Glück war fett, eine große Sau, es leuchtete strahlend ... und wir taumelten alle auf die Straße wie Idioten. Gehetzt sah es aus, wie auf der Flucht ...»
Wenn das Glück auf der Flucht ist, beginnt für uns die Jagdsaison. Jeder will schließlich etwas von ihm abhaben, und wenn's nur der Zipfel ist. Da darf man nicht allzu wählerisch sein. Doch was ist schon Glück?
Sicher ist es nicht der romantische Abend mit der Traumfrau, die nur in den Werbepausen eines uralten Spielfilms geküsst werden will. Oder die zweifelhafte Möglichkeit, ausgerechnet von einer Behörde ein besseres Leben geschenkt zu bekommen.
Dann schon lieber die fetten Träume der anderen vom Asphalt kratzen oder seinen Sorgen mal so richtig in den Hintern treten.

Andreas Kurz, bereits mehrfach mit Literaturpreisen ausgezeichneter Autor – unter anderem mit dem Eichborn Jubiläumspreis –, führt uns in seinen absurdkomischen Geschichten an die Abgründe des Alltags und oft ein kleines bisschen weiter ...

«Mit 26 toll umgesetzten Ideen macht der Autor sein Publikum glücklich! Virtuos spielt Kurz mit der Sprache, jongliert mit einzelnen Worten oder Redewendungen, die dann die Erzählung pointieren ... und kommt dabei so treffend auf den Punkt, dass einem schier der Atem stockt.» **Orkus**

«Mit viel Ironie und beißendem Sarkasmus erzählt Kurz vom Glück und vom Pech, das des anderen Glück ist. Er benutzt Worte wie Billardbälle, die er meisterlich und zielsicher einlocht.» **Sonic Seducer**

EU IM HERBST 2008

fan Kalbers
nen
and muss atmen!

1. Auflage ab September 2008
ISBN-10: 3-86608-083-2
ISBN-13: 978-3-86608-083-6

chenbuch
x 18 cm, ca. 120 Seiten

VK: 9,95 Euro

ATMEN – JEMAND MUSS ATMEN!

«Atmen. Jemand muss atmen. Und ich weiß nicht, wie viel Zeit mir noch bleibt. Jeden Tag mache ich weiter und beginne wieder von vorn. Aller Hoffnungslosigkeit zum Trotz. Ich weiß nicht, wovon andere Menschen träumen. Doch in meinen Träumen bewege ich mich stets durch ein dunkles, kaltes All.
Geräuschlos, unfähig auch nur einen Laut von mir zu geben, gleiche ich einem leeren Gefäß ohne Emotion, ohne einen klaren Gedanken in mir zu tragen. Es gibt nur das Bewusstsein dafür, anwesend zu sein, und meine Augen, an denen alles, was geblieben ist, vorüberzieht. Namenlose Planeten verglühen, schicken ihr Licht wie eine Botschaft durch den Raum. Empfänger unbekannt.
Diesen Träumen liegt eine tiefe Sehnsucht nach Frieden und Ruhe zugrunde. Schicht um Schicht gilt es meine Einsamkeit aufzugraben, bis die Schaufel am Grund der Wahrheit zerbricht. Das Bild einer sich drehenden Erde, bläulich schimmernd in endloser Weite, bedeutet grenzenlose Freiheit für mich.»

«Ein kraftvolles Debüt! Tiefgreifend, bewegend und erschütternd.»

«Völlig außer Atem legt man diese Lektüre wieder weg ... um sie gleich ein zweites Mal zu lesen!»

UND WIR SCHEITERN IMMER SCHÖNER

«Das Leben ist Krieg. Der Krieg hat uns alle leer gemenscht, kaputtgeKRIEGt.
Das Leben ist kein Krieg, sondern Sehnsucht, irgendwas zwischen Verachtung und Liebe!
Das Leben ist Krebs, er zieht Metastasenstraßen durch meinen Leib.
Das Leben ist Konzentrationsamok, ein Garten rot blühender Neurosen.
Und ich bin der Menschenkarton mit chemischem Inhalt.
All das geschrien, während Genitalien sich duellieren ...»

Dirk Bernemanns zweiter Versuch, die Welt so zu erklären, wie sie wirklich ist. Wieder hat er das literarische Skalpell zur Hand genommen, seine Schnitte gehen tief, treffen zielsicher unseren Verstand und unser Bauchgefühl. Wir fühlen uns ertappt, betrogen und verletzt.
Und doch, unter all dem, was wir Leben nennen, ist auch Hoffnung ...
oder ist das nur Verfall de luxe?

«Bernemann reißt die Wunden unserer Tage auf!» **Sonic Seducer**

«Sätze wie Peitschenhiebe pointiert zu Papier gebracht.» **Orkus**

«Ganz klar eine Pflichtlektüre für jedes Individuum, das sich der Spezies Mensch zugehörig fühlt. Wen dieses Buch nicht bewegt und zum Nachdenken anregt, dem ist wohl wirklich nicht mehr zu helfen!» **gothicparadise.de**

«Dirk Bernemann nimmt mit diesem Buch viel, gibt den Lesern – falls nicht vorhanden – als Gegenleistung den nötigen Blick für den Realismus zurück.» **tonguesofdestruction.com**

«Eine wirklich lesenswerte, schonungslose literarische Analyse der seelischen Krankheit des modernen Menschen – bei der aber zwischen den Zeilen auch mal ein Funken Hoffnung durchschimmert.» **Virus-Magazine**

«Ein bisschen klingt Bernemann wie ein moderner Bukowski, dem man lange keine Frau zum Ficken, dafür aber einige synthetische Drogen gegeben hat.» **Legacy**

ERFOLGREICHER NACHFOLGE

Dirk Bernemann
Ich hab die Unschuld kotzen sehen
Und wir scheitern immer schöne

Taschenbuc
12 x 18 cm, 128 Seite
erschienen 2007, 3. Auflage ab Feb. 200

ISBN-10: 3-86608-054-
ISBN-13: 978-3-86608-054-

VK: 9,95 Eu

OHREN AUFGEPASST!

Auch der Nachfolger des erfolgreichen Debüts von Dirk Bernemann ist als Hörbuch erschienen! Die aufwendige Gestaltung und Ausführung des Hörbuchs mit drei CDs komplett in Farbe garantieren nicht nur ungetrübten Hörgenuss.

Das Hörbuch wurde eingelesen von Helmut Krauss. Unter anderem lieh er Samuel L. Jackson (Pulp Fiction), Marlon Brando (Freshmen, Don Juan de Marco), John Goodman (The Big Lebowski, Flintstones, Die Borger), Sidney Poitier (Nelson Mandela) und James Earl Jones die Stimme. Der gebürtige Augsburger lebt und arbeitet in Berlin.

Dirk Bernemann
Ich hab die Unschuld kotzen sehen
2 – ungekürzte Fassung

Hörbuch
3 CDs, 180 Minuten Gesamtspielzeit

erschienen März 2007
ISBN-10: 3-86608-082-4
ISBN-13: 978-3-86608-082-9

empf. VK: 19,95 Euro

AS FESSELNDE DEBÜT

ırk Bernemann
h hab die Unschuld kotzen sehen
estseller, krasse Gesellschaftsstudie

aschenbuch
2 x 18 cm, 120 Seiten
schienen 2005, 6. Auflage erhältlich

BN-10: 3-937536-59-0
BN-13: 978-3-937536-59-0

K: 9,95 Euro

ICH HAB DIE UNSCHULD KOTZEN SEHEN

«Guten Tag, die Welt liegt in Trümmern», lautet die Begrüßung des Autors, bevor er einen hinabreißt in die Abgründe einer Welt, die in uns etwas zum Klingen bringt, denn sie ist uns sehr vertraut. Es ist unsere Welt!
Wenn man Bernemanns Buch liest, kommt es einem so vor, als hätte man uns endlich die rosa Brille abgenommen, ja vom Kopf geprügelt. In einer poetischen Klarheit zelebriert er ein Massaker des Lebens, das fasziniert, um gleichzeitig abzustoßen.
Seine Protagonisten schickt er in emotionale Ausnahmezustände und mit makabrem Humor berichtet er von den Kollateralschäden in der Welt.
Gekonnt arbeitet er mit der Sprache, die selbst Ausdruck der Zerrissenheit und Ambivalenz der Protagonisten wird
Die einzelnen Episoden des Buches fügen sich am Ende zu einem Werk zusammen, das größer ist als die Summe seiner Teile. Wie in Quentin Tarantinos «Pulp Fiction» reihen sich scheinbar zufällige Ereignisse aneinander. Erst langsam kommt man dahinter, dass man den Charakter der zweiten Geschichte bereits in der ersten Geschichte kurz gesehen hat. So spinnt sich ein roter Faden durch die Gesellschaftsstudie – und es ist schnell klar, dass Blut den Faden so rot schimmern lässt.

«Faszinierend, eine interessante Gesellschaftsstudie ... Das Buch lässt niemanden unberührt. Garantiert!» **Schwäbische Zeitung, Blog**

«... sprachlich stark.» **Augsburger Allgemeine Zeitung**

«Eine beeindruckende Kostprobe finsterer Kreativität.» **Mephisto**

«Genial gemacht!» **gothicparadise.de**

«Herr Bernemann hat es mit diesem kleinen Realitätsexkurs einfach auf den Punkt gebracht.» **Zuckerkick**

«Dirk Bernemann ist Bukowskis ehrenvoller Nachfolger!» **Sammlerecke**

«Lesenswert!» **jetzt.de**

«Sehr unterhaltsam und sehr richtig. Ein Buch in den Reihen derer, die ich jederzeit ohne Zögern weiterempfehlen werde.» **tonguesofdestruction.com**

→ **BUCH DES JAHRES 2006**
BEI DER ORKUS-
LESERBEFRAGUNG

DAS KULTBUCH AUCH ZUM HÖREN

Dirk Bernemann
Ich hab die Unschuld kotzen sehen – ungekürzte Fassung

Hörbuch
2 CDs, 137 Minuten Gesamtspielzeit
erschienen März 2007
ISBN-10: 3-86608-079-4
ISBN-13: 978-3-86608-079-9

empf. VK: 19,95 Euro

Zum erfolgreichen Debüt von Dirk Bernemann gibt es jetzt endlich das Hörbuch! Die hochwertige Gestaltung und Ausführung des Hörbuchs z. B. mit Partiallack komplett in Farbe garantieren nicht nur ungetrübten Hörgenuss.

«Mit Helmut Krauss, Schauspieler und Synchronsprecher (etwa für Samuel L. Jackson), wurde zu 100 Prozent der Richtige ausgewählt, der für sämtliche vorkommenden Personen, ob männlich oder weiblich, der Stimme des Bewusstseins den angemessenen Klang verleiht. Wer das Buch bereits gelesen hat, wird beeindruckt sein, was gezielte Intonation noch alles zum Vorschein bringt und Tonlosigkeit an Wut, Angst, Hoffnung und innerer Leere zu eröffnen vermag.» **Orkus**

SATT : SAUBER : SICHER

«Mein Leben tut weh!
Wünsche verschwinden auf nimmerwiedersehen.
Meine Träume stehen mit kaputten Rücken an Wänden.
Und die Liebe ist ein Massengrab.»

Roland ist Huberts und Karlas Sohn und genau hier liegt sein Problem. Nur zu gerne würde er seine Abstammung leugnen, sie abwaschen, aber durch jede Pore atmet seine Herkunft.
Und was nutzt der schönste Schein, wenn im Inneren alles fault ...

Dirk Bernemanns bis dato umfangreichstes Werk ist eine schmerzhafte Abrechnung mit der deutschen Durchschnittsfamilie, mit ihrer Unfähigkeit zur Kommunikation und den Folgen, die für alle Beteiligten daraus erwachsen.
Sein erster Roman ist sprachlich ähnlich verdichtet und konzentriert wie seine ersten beiden Werke, doch dieses Mal seziert er seine Protagonisten bei lebendigem Leib, sieht in sie hinein und durch sie hindurch.

Ein Buch wie es zur aktuellen Diskussion über Prekariat und Unterschicht, zu Kindererziehung und Krippenplatz, zu Gewaltvideos auf Handys und der Verrohung unserer Gesellschaft nicht passender sein könnte.

WERBESCHWERPUNK

Dirk Bernema
Satt : Sauber : Sich
So dumm kommen wir nicht mehr zusamm

Hardcov
12 x 18 cm, 255 Seit
1. Auflage ab Februar 20C

ISBN-10: 3-86608-060
ISBN-13: 978-3-86608-060

VK: 16,95 Eu

9 783866 08060

Herr Bernemann wurde zwischen dem Ruhrgebiet und den Niederlanden geboren. Er wollte schon immer Bücher schreiben, denn malen war gar nicht seins. Herr Bernemann ist beliebt in seiner Nachbarschaft, weil er nie mit seinen Nachbarn spricht. Worüber auch? Kunst vielleicht oder das Wetter?
Er war schon als Kind fasziniert von Musik und schönen, aber auch nicht so attraktiven Worten. In seinem Leben ist er schon einige Male umgezogen, hat aber nie im Ausland gewohnt, obwohl er Deutschland als Institution kacke findet. Herr Bernemann schreibt Bücher voller Geschichten und Gedichte. Nicht alle Gedanken, die er hat, findet er selber gut, einige hasst er sogar. Die deutsche Sprache ist für den Herrn Bernemann ein Fahrzeug, mit dem er in alle Regionen des menschlichen Empfindens einfahren kann.
Er findet es im Moment nicht doof, bekannt zu sein (Stand Sept. 2007).

DIRK BERNEMANN

- Sein Debüt wurde von den Lesern des Orkus-Magazins zum «Buch des Jahres 2006 » gewählt, vor «Das Parfum» & «Sakrileg»!
- Seine erste Tour durch Deutschland war bestens besucht, zehn Termine u.a. in Berlin und Leipzig
- «Ich hab die Unschuld kotzen sehen» ist nach wie vor ein Bestseller, aber auch der Nachfolger verkauft sich bestens!

WWW.DIRKBERNEMANN.DE